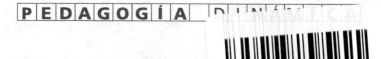

APRENDER
CON ESTRATEGIA

DESARROLLANDO MIS
INTELIGENCIAS MÚLTIPLES

Ofelia Contreras Gutiérrez

Ana Elena del Bosque Fuentes

EDITORIAL
PAX MÉXICO

EL LIBRO MUERE CUANDO LO FOTOCOPIAN

꧁✻꧂

COORDINACIÓN EDITORIAL: Matilde Schoenfeld
PORTADA: Víctor M. Santos Gally
ILUSTRACIONES: Verónica Bernal Canseco

© 2004   Editorial Pax México, Librería Carlos Cesarman, S.A.
         Av. Cuauhtémoc 1430
         Col. Santa Cruz Atoyac
         México, D.F. 03310
         Teléfono: 5605 7677
         Fax: 5605 7600
         editorialpax@editorialpax.com
         www.editorialpax.com

Primera edición
ISBN 978-968-860-466-3
Reservados todos los derechos
Impreso en México / *Printed in Mexico*

Índice

Cuestionarios y ejercicios

Introducción

Con gran frecuencia los estudiantes enfrentan la compleja tarea de aprender una serie de contenidos académicos, para la cual no siempre están preparados.

Hoy día, en la denominada *sociedad del conocimiento*, es más que nunca importante y necesario aprender a aprender la cantidad de información generada y su vigencia, dada la rapidez con que suceden los cambios en el entorno, lo cual hace necesario que las personas sean aprendices expertos, capaces de adquirir y procesar la información que su actualización permanente requiere.

El objetivo del presente libro es guiar a las personas en el proceso de aprender. En primer lugar, los estudiantes encontrarán una serie de ejercicios y de información que les permitirán ampliar su capacidad cognoscitiva y con ello sus recursos para el aprendizaje, de manera sencilla y amena. Asimismo las personas encargadas de la enseñanza (profesores y padres de familia) hallarán una guía destinada a mejorar los procesos de instrucción y orientación para el aprendizaje.

Éste es el primero de tres libros orientado al desarrollo de las habilidades intelectuales básicas para el aprendizaje; el tomo II está dirigido a la enseñanza de procedimientos para el aprendizaje de habilidades intelectuales superiores específicas, ligadas estrechamente al rendimiento académico, como la comprensión de información (oral o escrita) y la solución de problemas.

El tomo III tiene como objetivo enseñar el proceso de autorregulación y administración de recursos para el aprendizaje.

Estas publicaciones son consecuencia de una investigación cuidadosa llevada a cabo con estudiantes desde el nivel medio hasta el de licenciatura, dentro del Programa de Estrategias de Aprendizaje para Estudiantes, aplicable en la Facultad de Estudios Superiores Iztacala, de la Universidad Nacional Autónoma de México. Los resultados de esta investigación han demostrado que los participantes que han estado en el programa han aumentado su promedio escolar; al mismo tiempo, han expresado encontrarse más motivados y dispuestos a aprender.

En el capítulo 1 encontrarás los elementos necesarios para construir una imagen de ti mismo cuando aprendes, cuáles son tus peculiaridades como aprendiz, cuáles son tus estilos cognoscitivos, cuál es tu inteligencia más desarrollada, de qué manera empleas dichos estilos para aprender, y cómo los utilizarás para favorecer al máximo tu aprendizaje. Todo ello tiene la finalidad de construir una plataforma de referencia a partir de la cual incrementarás tus habilidades para transformar tus capacidades en medios específicos, que a su vez te faciliten lograr niveles de aprendizaje más altos.

En el capítulo 2 encontrarás información y ejercicios relacionados con tu motivación para el aprendizaje; es importante determinar qué metas te has propuesto en tu vida escolar y extraescolar, de qué manera te diriges a ellas, cómo te relacionas con las actividades y tareas por aprender, cuáles son las atribuciones que haces sobre tus éxitos o fracasos y cómo incrementas tu motivación. Reflexionar y responder a estos cuestionamientos te permitirá determinar tu nivel de motivación y considerar qué aspectos debes modificar para mantenerte siempre en la idea de que alcanzarás logros académicos.

Por último, el capítulo 3 está orientado a fortalecer, mediante ejercicios, las habilidades cognoscitivas básicas, comenzando con la atención como un elemento esencial para realizar otros procesos cognoscitivos; asimismo, proponemos ejercicios para desarrollar tu percepción y tu capacidad para observar, los cuales son indispensables para llevar a cabo otras tareas intelectuales como la clasificación, la jerarquización y la conceptualización, todas ellas esenciales en el aprendizaje y la comprensión de las ciencias y humanidades.

capítulo 1

Autoconocimiento para el aprendizaje

Aprender a aprender

Alguna vez te has preguntado, ¿por qué algunas personas aprenden más fácilmente o rápido?, ¿por qué algunas cosas me resultan más fáciles de aprender que otras?, ¿cómo hacer más fácil la tarea de aprender?

Estas preguntas que nos planteamos en algún momento tienen su respuesta en la manera específica como fuimos enseñados a aprender, a emplear nuestras capacidades y a desarrollar nuestras potencialidades.

Aunque la capacidad para aprender es una de las características esenciales del ser humano y de ella depende en gran medida nuestra capacidad para sobrevivir, la forma específica de desarrollo varía de persona a persona y de cultura a cultura. Este hecho es debido fundamentalmente a que *aprendemos a aprender*. Pensamos cómo nuestra cultura nos enseña, y aprendemos de modo muy semejante como lo hacen las personas cercanas a nosotros (nuestros padres y nuestros hermanos) en relación con lo que

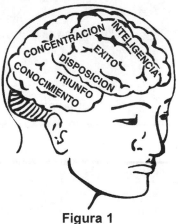

Figura 1

1

nos enseñan en la escuela, lo hacemos como lo hacen nuestros profesores y compañeros. Todos ellos funcionan como modelos para nosotros, sin que en la mayoría de ellos exista la intención de enseñarnos a aprender.

El avance en la investigación psicológica sobre el aprendizaje y el pensamiento han mostrado las enormes ventajas de recibir un entrenamiento explícito para aprender. Las personas que han recibido entrenamiento en esta área, han logrado reducir el esfuerzo, disminuir el tiempo dedicado a aprender, aumentar ejecución, mejorar sus resultados, y elevar su autoestima y su motivación para el aprendizaje.

Con seguridad te preguntarás: ¿cuáles serán las ventajas concretas para mí si participo en un proceso de aprender a aprender?

A continuación te mostramos una lista de posibilidades que te recomendamos ordenes de acuerdo con la importancia que tengan para ti:

- ☐ Reducir el tiempo de estudio y el dedicado a las actividades escolares
- ☐ Incrementar mi motivación para la escuela
- ☐ Elevar mi rendimiento escolar
- ☐ Aumentar la comprensión del contenido escolar
- ☐ Contar con mayor tiempo libre para la recreación y el descanso
- ☐ Acrecentar mi autoestima
- ☐ Disminuir el número de materias reprobadas
- ☐ Reducir las dificultades con que nos desempeñamos en las tareas escolares

Si crees que vale la pena aprender a aprender y tienes una razón clara para hacerlo, serás bienvenido al presente curso de autoaprendizaje. En él, si trabajas de manera constante y practicas lo aprendido en todas las actividades académicas así como en los retos que te presenta la vida diaria, tu capacidad para aprender aumentará de manera notoria y cada vez tendrás más elementos que te llevarán a lograr las metas que te propongas.

Mis habilidades y mis áreas de desarrollo para el aprendizaje

Como en todos los retos que nos proponemos en la vida, para triunfar en esta tarea es necesario prepararnos antes de partir. Imaginemos que iniciaremos un viaje, para ello, primero tendremos que conocer con qué contamos para el trayecto y para la estancia, ¿con qué recurso cuento?, ¿cómo empleo mis recursos?, ¿los uso de forma adecuada en relación con las metas que me propongo?, ¿los administro bien? Las respuestas que demos a estas preguntas nos harán más fácil tomar decisiones y realizar acciones conducentes a lograr nuestra meta. Por ejemplo, el propósito con el que realicemos el viaje será el primer aspecto por tomar en cuenta: ¿para qué quiero hacer este viaje?, ¿es de descanso?, ¿de placer? o ¿para explorar? Una vez que tengamos claro cuál es el motivo de nuestro viaje, debemos atender a nuestros recursos. El tiempo con que contemos, probablemente nos permitirá elegir mayor o menor distancia, el dinero que tengamos nos facilitará seleccionar uno u otro medio de transporte, así como el lugar para el hospedaje y nuestros gustos e intereses nos inclinarán a escoger el lugar en función de las actividades que podamos realizar ahí.

Si tomamos en cuenta todos esos aspectos antes de iniciar nuestro viaje, será probable que tomemos la decisión adecuada y lo convirtamos en una grata experiencia, que a su vez sirva de base para viajes ulteriores.

Empleemos tal analogía para ilustrar el aprender a aprender, en este caso, el primer paso será tener clara la finalidad que perseguimos antes de empezar la tarea. Por ejemplo: si voy a leer un texto, ¿qué quiero obtener de esa lectura?, ¿pretendo encontrar una respuesta a una pregunta específica?, ¿busco datos que prueben una hipótesis?, ¿deseo saber cuál es la postura del autor en relación con un tema? *Ten siempre claro el propósito* con que realizas una tarea, lo cual la hará significativamente más sencilla.

Como el propósito puede variar de una tarea a otra, es importante tenerlo siempre presente antes de llevarla a cabo. Más adelante encontrarás ejercicios que te ayudarán a aclarar la importancia de orientar nuestra conducta a metas bien definidas.

Por ahora nos ocuparemos en identificar los recursos con que contamos para la tarea de aprender. En la sección siguiente analizaremos nuestras características como aprendices.

¿Cómo aprendo?
Mi preferencia cognoscitiva

Para llevar a cabo con éxito la tarea de aprender, es necesario que sepamos cuáles son nuestras características como aprendices. ¿Cómo aprendemos?, ¿de qué manera funciona nuestra inteligencia?, ¿qué tipo de inteligencias son las más desarrolladas en nosotros?, ¿cuál es nuestro estilo para aprender?, ¿qué clase de sentido me permite captar mejor la información disponible?, ¿qué me motiva?, ¿cómo me motivo? y ¿qué hago cuando enfrento una tarea difícil?

Conocernos a nosotros mismos nos permitirá aprovechar mejor lo que poseemos para aprender mejor y nos guiará en el camino para desarrollar aquellas áreas o aspectos que pueden hacer que las tareas sean algo difícil o complicado. Así, cuando tengamos que llevar a cabo cualquier tarea, sabremos la mejor manera de realizarla en función de nuestras habilidades, a la vez que estaremos capacitados para compensar las áreas que hasta ahora no hemos desarrollado, al mismo tiempo que trabajaremos para que éstas mejoren.

En términos generales podemos decir que la manera de aprender depende de cómo adquirimos, procesamos y empleamos la información. Cada persona aprende de forma distinta de las demás: utiliza diferentes estrategias, con diverso ritmo y con mayor o menor eficacia, aunque tenga las mismas motivaciones, el mismo nivel de instrucción, la misma edad o esté estudiando el mismo tema que otras

El modo de representar, procesar y recuperar la información es nuestro estilo cognoscitivo, a la vez que un indicador relativamente estable, de cómo percibimos, interactuamos y respondemos a los ambientes y tareas de aprendizaje; además, esto tiene que ver con la forma como estructuramos el contenido, formamos y utilizamos conceptos, interpretamos la información, resolvemos los problemas y seleccionamos los medios de representación (visual, auditivo y kinestésico).

Cada uno de nosotros tiende a desarrollar ciertas preferencias o tendencias globales, asociadas con un estilo de aprendizaje. Hablamos de una tendencia general, pues por ejemplo, alguien que casi siempre es auditivo puede en ciertos casos utilizar estrategias visuales.

Woolfolk (1996) denomina *preferencias cognoscitivas* a los estilos cognoscitivos, lo cual refleja con más claridad el conjunto de elementos que conforman la manera especial en que cada uno de nosotros realiza la tarea de aprender. Las define como las formas preferidas de estudiar y aprender, por ejemplo: utilizar imágenes en vez de texto, trabajar solo o con otras personas, aprender en situaciones estructuradas o no estructuradas y demás condiciones pertinentes como un ambiente con o sin música, el tipo de silla utilizado, entre otros. La preferencia de un estilo particular tal vez no siempre garantice que su empleo será efectivo para realizar cualquier tarea. De ahí que en estos casos podamos beneficiarnos desarrollando nuevas formas de aprender.

La forma de elaborar la información y de aprenderla variará en función del contexto, es decir, de lo que tratemos de aprender, de modo que nuestra manera de aprender puede variar significativamente de una materia a otra. Por ende, es importante no utilizar los estilos de aprendizaje como un medio para clasificar a las personas en categorías cerradas. *Nuestro sistema de aprendizaje evoluciona y cambia constantemente*, como nosotros mismos.

Existen diferentes modelos de los estilos cognoscitivos en función del aspecto que tomemos en cuenta para la clasificación. Entre éstos podemos encontrar el denominado modelo de tres pasos, el cual establece los estilos cognoscitivos de acuerdo con la manera de seleccionar, organizar y utilizar la información. A continuación encontrarás una breve descripción de este modelo.

El aprendizaje parte siempre de la recepción de algún tipo de información. De toda la información que recibimos seleccionamos una parte. Cuando analizamos cómo *seleccionamos la información*, podemos distinguir entre alumnos *visuales, auditivos y kinestésicos*.

La información seleccionada tenemos que *organizarla* y *relacionarla*. El modelo de los hemisferios cerebrales nos da información acerca del modo de organizar los datos que recibimos; aquí podemos distinguir entre estilo *lógico* y *holístico*.

Si tomamos en cuenta la manera de *procesar la información* y adoptamos la teoría de las *inteligencias múltiples* de Gardner, identificaremos por lo menos ocho tipos de procesamiento de información, derivados de la inteligencia que empleemos de modo sobresaliente.

Una vez organizada esa información, la *utilizamos* con objetivos distintos. La rueda del aprendizaje de Kolb distingue entre personas *activas, teóricas, reflexivas y pragmáticas*.

Esta separación en fases es ficticia, pues en la práctica los tres procesos son confundidos entre sí y están relacionados estrechamente; por ejemplo, tender a seleccionar la información visual afecta nuestra manera de organizar esa información. Por tanto, no podemos entender el estilo de aprendizaje de alguien si no prestamos atención a todos los aspectos. Además de las teorías relacionadas con la forma de seleccionar, organizar y trabajar con la información, hay modelos que clasifican los estilos de aprendizaje en función de otros factores, como el comportamiento social.

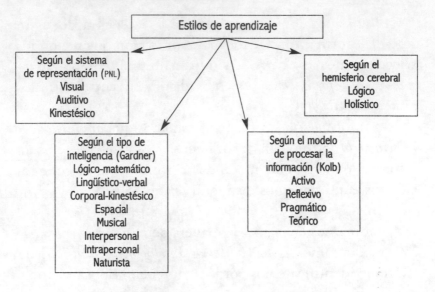

Figura 2

Estilo cognoscitivo según el sistema de representación

Para iniciar la caracterización de tus preferencias cognoscitivas tomaremos en cuenta la propuesta de la programación neurolingüística de acuerdo con el sentido con que representamos preferentemente la información: el estilo visual, el auditivo y el kinestésico.

A continuación presentamos un breve cuestionario que te permitirá identificar tu preferencia cognoscitiva, es decir, la vía de acceso que empleas de modo preferente para representar la información.

Test de sistema de representación favorito[1]
(de acuerdo con el modelo PNL)

Elige la opción más adecuada:

1. Cuando estás en clase y el profesor explica algo que está escrito en la pizarra o en tu libro, te es más fácil seguir las explicaciones:

   a. Si escuchas al profesor.

   b. Si lees el libro o el pizarrón.

   c. Te aburres y esperas que te den algo para hacer.

2. Cuando estás en clase:

   a. Te distraen los ruidos.

   b. Te distrae el movimiento.

   c. Apartas tu atención cuando las explicaciones son demasiado largas.

3. Cuando te dan instrucciones:

   a. Te pones en movimiento antes de que acaben de hablar y explicar lo que debes hacer.

   b. Te cuesta trabajo recordar las instrucciones orales, pero no hay problema si te las dan por escrito.

   c. Recuerdas con facilidad las palabras exactas de lo que te dijeron.

4. Cuando tienes que aprender algo de memoria:

   a. Memorizas lo que ves y recuerdas la imagen (por ejemplo, la página del libro).

   b. Memorizas mejor si repites rítmicamente y recuerdas paso a paso.

   c. Memorizas con base en pasear y mirar y recuerdas una idea general mejor que los detalles.

5. En clase lo que más te gusta es:

   a. La organización de debates y que haya diálogo.

---

[1] Fuente: Robles, Ana, http://www.galeon.com/aprenderaaprender/general/indice.html

    b. La planeación de actividades en que los alumnos tengan que hacer cosas y puedan moverse.

    c. Que te den el material escrito y con fotos y diagramas.

6. Marca las dos frases con las que te identifiques más:

    a. Cuando escuchas al profesor, te gusta hacer garabatos en un papel.

    b. Eres visceral e intuitivo y muchas veces te gusta/disgusta la gente sin saber bien por qué.

    c. Te gusta tocar las cosas y tiendes a acercarte mucho a la gente cuando hablas con alguien.

    d. Tus cuadernos y libretas están ordenados y bien presentados, a la vez que te molestan los tachones y las correcciones.

    e. Prefieres los chistes que las caricaturas.

    f. Sueles hablar contigo cuando haces algún trabajo.

Califica tus respuestas de acuerdo con la clave que te presentamos a continuación:

Respuestas:

1. *a*) auditivo, *b*) visual y *c*) kinestésico.
2. *a*) auditivo. *b*) visual y *c*) kinestésico.
3. *a*) kinestésico, *b*) visual y *c*) auditivo.
4. *a*) visual, *b*) auditivo y *c*) kinestésico.
5. *a*) auditivo, *b*) kinestésico y *c*) visual.
6. *a*) visual, *b*) kinestésico, *c*) kinestésico, *d*) visual, *e*) auditivo y *f*) auditivo.

Ahora representa tus preferencias cognoscitivas en la figura 3 de acuerdo con la frecuencia con que elegiste cada medio para representar la información.

Figura 3

Ahora que cuentas con resultados, te gustará saber qué significa que hayas obtenido como preferencia cognoscitiva la visual, la auditiva o la kinestésica.

Utilizamos el sistema de representación visual siempre que recordamos imágenes concretas (como objetos, personas y colores) y complejas (como diagramas, letras y números). El sistema de representación auditivo nos permite guardar en nuestra mente voces, sonidos y música. Cuando re-cordamos una melodía o una conversación o cuando reconocemos la voz de la persona que nos habla por teléfono, utilizamos el sistema de representación auditivo. Por último, cuando recordamos el sabor de nuestra comida favorita, la sensación que nos produce la cercanía de una persona o el acercamiento de nuestro cuerpo con nuestra pareja en una pieza de baile, utilizamos el sistema de representación kinestésico.

La mayoría de nosotros utilizamos los sistemas de representación de forma desigual, facilitando unos e infrautilizando otros. Los sistemas de representación se desarrollan más cuanto más los utilicemos. La persona acostumbrada a seleccionar un tipo de información absorberá con mayor facilidad los datos de ese tipo; de manera recíproca, cuando estamos acostumbrados a ignorar la información que recibimos por un canal determinado, no seremos receptivos para aprender por ese canal, no porque no nos interese, sino porque no estamos habituados a dar atención a esa fuente de información. Por ello, nuestros sistemas de representación tienden a tener desarrollos desiguales.

La escuela, en términos generales, tiende a privilegiar los sistemas de representación visual y auditivo sobre el kinestésico; sin embargo, es conveniente señalar que el estilo de representación que menos olvidamos es este último, por ejemplo: si aprendiste a andar en bicicleta cuando tenías seis años y han pasado más de 10 sin que lo practiques, seguramente podrás hacerlo sin problemas, al igual que caminar, bailar o nadar, porque "lo que el cuerpo aprende no lo olvida".

Tal vez valga la pena ampliar el uso del sistema de representación kinestésica y combinarlo con los otros cuando tratemos de aprender contenidos académicos, por ejemplo: memorizar las tablas de multiplicar puede ser más sencillo si lo aprendemos "brincando el avión" que pintamos en el piso.

Los sistemas de representación no son buenos o malos, pero sí más o menos eficaces para realizar determinados procesos mentales, por ejemplo: si trato de acomodar los muebles de mi recámara de manera diferente, la representación visual será ventajosa; pero si lo que quiero es recordar cómo debo andar en bicicleta, la kinestésica será la ideal. A continuación especificamos las características de cada uno de estos tres sistemas, para lo cual retomamos el trabajo de Pablo Cazau:

Sistema de representación visual. Uno aprende mejor cuando lee o ve la información de alguna manera, por ejemplo: en una clase, las personas con predilección por este sistema de representación preferirán leer las fotocopias o ver imágenes en el pizarrón, que seguir la explicación oral o, en su defecto, tomarán notas para tener algo que leer.

La representación visual permite almacenar mucha información de manera conjunta y a mayor velocidad. Cuando pensamos en imágenes (por ejemplo: cuando "vemos" en nuestra mente la página del libro de texto con la información que necesitamos) podemos traer a la mente mucha información a la vez. Por ello, la gente que utiliza el sistema de representación visual tiene más facilidad para absorber con rapidez grandes cantidades de información.

Visualizar nos ayuda además a establecer relaciones entre distintas ideas y conceptos. Cuando un alumno tiene problemas para relacionar conceptos, muchas veces se debe a que procesa la información de manera auditiva o kinestésica.

La capacidad de abstracción y la capacidad para planificar están relacionadas directamente con la capacidad para visualizar. Estas dos características explican que la gran mayoría de los alumnos universitarios (y, por ende, de los profesores) sean visuales.

Sistema de representación auditivo. Cuando al recordar utilizamos el sistema de representación auditivo, lo hacemos de modo secuencial y ordenado. Las personas auditivas aprenden mejor cuando reciben las explicaciones oralmente y cuando pueden hablar y explicar esa información a otra persona. Para los individuos auditivos, las secuencias son indispensables para el recuerdo, pues necesitan escuchar su grabación mental paso a paso con el fin de recuperar la información adquirida. Los alumnos que memorizan de forma auditiva no pueden olvidar ni una palabra, porque sólo saben recuperar la información con secuencias establecidas claramente, por ello, saltar pasos o recuperar a partir del todo no les es fácil.

El sistema auditivo no permite relacionar conceptos o elaborar conceptos abstractos con la misma facilidad que el sistema visual, y ni es tan rápido; sin embargo, es fundamental en el aprendizaje de los idiomas y de la música.

Sistema de representación kinestésico. Cuando al procesar la información la asociamos tanto a nuestras sensaciones y movimientos como a nuestro cuerpo, utilizamos el sistema de representación kinestésico, como cuando aprendemos un deporte, pero también para muchas otras actividades. Escribir a máquina es otro ejemplo de aprendizaje kinestésico, de modo que la gente que escribe bien a máquina no necesita mirar dónde está cada letra; de hecho, si le preguntamos dónde está una letra cualquiera, podrá resultarles difícil contestar, sin embargo, sus dedos saben lo que tienen que hacer.

Aprender con el sistema kinestésico es mucho más lento que con cualquiera de los otros dos sistemas: el visual y el auditivo. Necesitamos más tiempo para aprender a escribir a máquina sin necesidad de pensar en lo que hacemos que para aprender de memoria la lista de letras y símbolos que aparecen en el teclado.

El aprendizaje kinestésico también es profundo. Podemos aprender una lista de palabras y olvidarlas al día siguiente, pero cuando aprendemos a andar en bicicleta, no lo olvidaremos nunca. Una vez que sabemos algo con nuestro cuerpo y que lo hemos aprendido con la memoria muscular, será muy difícil que se nos olvide.

Las personas que emplean el sistema kinestésico necesitan más tiempo que los demás, por lo cual decimos que son lentos, pero esa lentitud no tiene nada que ver con la falta de inteligencia, sino con su distinta manera de aprender.

Los alumnos kinestésicos aprenden cuando hacen cosas como, por ejemplo, experimentos de laboratorio o proyectos. El alumno kinestésico necesita moverse. Cuando estudian muchas veces pasean o se balancean para satisfacer esa necesidad de movimiento. En el aula buscarán cualquier excusa para levantarse y moverse.

Como observas, cada sistema tiene sus ventajas y sus desventajas, por ende, es importante que estés consciente de cuál de ellos empleas de manera preponderante y cuáles son las ventajas de utilizarlo y las de los otros sistemas, que hasta ahora no has explotado a favor de tu aprendizaje. De manera conjunta con esta información analiza la naturaleza de la tarea y el propósito personal que tienes para efectuarla. Estos tres elementos, en conjunto con tu deseo de incrementar tu capacidad intelectual, te impulsarán a probar y emplear con mayor frecuencia los distintos estilos de representación, así como en algunos casos a mezclarlos y complementarlos entre sí, para lograr ser un campeón de las tareas intelectuales.

Por lo anterior, es importante que en cuanto identifiques tu preferencia cognoscitiva, tengas presente que ésta es la forma más frecuente en que representas la información, pero no es la única manera de hacerlo; recuerda las ventajas de probar otras formas de representación, en especial cuando la tarea que enfrentas te resulta complicada. Ello aumentará tus recursos intelectuales y tu inteligencia.

Ahora te presentamos algunas recomendaciones que favorecerán tu aprendizaje en función de la manera como representas la información:

Estrategias sugeridas por los alumnos para el aprendiz visual

- Agrega diagramas a tus notas siempre que sea posible. Anota las fechas en un calendario, y escribe los porcentajes en una gráfica de pastel, sin olvidar que las funciones de matemáticas pueden graficarse.
- Organiza tus notas de tal modo que puedas ver con claridad los puntos principales y los hechos de apoyo, así como la forma en que se relacionan los conceptos.
- Une con flechas los hechos relacionados en tus apuntes.
- Codifica tus apuntes con marcadores de diversos colores, de manera que lo relacionado con un tema tenga el mismo color.

Estrategias sugeridas por los alumnos para el aprendiz auditivo

- Duerme lo suficiente y llega a tiempo de modo que puedas captar todo con mayor eficiencia.
- Platica acerca de lo que aprendiste.
- Trabaja en grupos de estudio, de manera que tengas la oportunidad de explicar y discutir lo que aprendes.

Estrategias sugeridas por los alumnos para el aprendiz kinestésico

- No te desanimes, ni te sientas tonto, sino recuerda que aunque la representación kinestésica tarda más en aprender, también es cierto que *nunca la olvidamos*.

- Observa los movimientos que hace el profesor al explicar un concepto y después reprodúcelos en tu memoria, para asociar tu movimiento con el concepto.
- *Toma tu tiempo para estudiar* en casa y para que te muevas con libertad; además fija las sensaciones en tu memoria, para que en el salón de clases puedas recordarlas, y recuperar lo aprendido.
- Asocia los conceptos a las *sensaciones* que éstas te producen para memorizar.
- *Toma notas* cuando escuchas al profesor: el movimiento te ayudará a fijar la información.
- Por tu cuenta, asocia lo que tengas que aprender con *movimientos*, por ejemplo la letra *d*, con elevar la mano izquierda, y la letra *b* con levantar la derecha,
- Cuando algo se te dificulte, practica un juego para apoyarte, por ejemplo: en el piso traza un avión y practica brincando a aprender algún concepto o secuencia; así, podrás asociar la secuencia de movimientos con aquello que tienes que aprender, o lanza tiros con una pelota con esta misma idea.

El aprendizaje y las inteligencias múltiples

Aprender de mejor manera tiene que ver no sólo con la forma de representar la información, sino también con el modo de procesarla en nuestro cerebro, es decir, con los *tipos de inteligencia* que tenemos más desarrollados. Si logramos que la información se represente de la manera más ventajosa para nosotros y trabajamos con ella con el mejor de los procesadores disponibles, la tarea será más fácil y grata y tendrá mayor probabilidad de éxito.

Con gran frecuencia en la escuela hemos escuchado que los alumnos inteligentes son los que obtienen notas altas, sobre todo en matemáticas y ciencias. Esta noción de inteligencia se refleja aún en tests psicológicos, que hasta hace poco tiempo restringían la inteligencia a la capacidad para resolver problemas lógicos y lingüísticos. Esta concepción de inteligencia no incluye a los deportistas sobresalientes, a los bailarines o a las personas que tienen gran simpatía como personas inteligentes, pues lo que ellos hacen tan bien no corresponde a su definición de inteligencia.

A finales del siglo pasado el psicólogo Howard Gardner puso en duda estas teorías tradicionales de la inteligencia y propuso la teoría de las inteligencias múltiples (IM). Para este autor, la inteligencia es: "... la habilidad necesaria para resolver problemas o para elaborar productos que son importantes en un contexto cultural..." y no existe una inteligencia, sino ocho. Desde su punto de vista no es tan importante la "cantidad" de inteligencia que poseemos, sino la manera específica de ser inteligentes. En este sentido, más que interesarnos por el coeficiente intelectual de una persona, nos debe incumbir la manera específica como manifiesta sus inteligencias, determinar aquella que tiene más desarrollada, las que se encuentran en niveles medios y aquellas que están menos desarrolladas.

¿Te gustaría saber cuáles son esas inteligencias?, y ¿cuáles son las más sobresalientes en ti? y ¿cuáles son aquellas con las que debes trabajar más?

A continuación te presentamos un cuestionario; una vez que lo resuelvas y lo evalúes, te explicaremos brevemente cada una de esas ocho inteligencias. En este cuestionario no hay respuestas correctas o incorrectas, por lo cual es importante que contestes con sinceridad.

Cuestionario de inteligencias múltiples

El cuestionario siguiente está diseñado para reconocer tus talentos, facultades y habilidades. Elige las frases que estén de acuerdo con tu manera de ser y marca la que más se identifique contigo de cada grupo de afirmaciones siguiente:

Uno

a. Cuando tengo un conflicto me ayuda escribir acerca de ello.

b. Todo a su tiempo, en su lugar y a su hora.

c. Provoco el respeto mutuo como integrante de un grupo.

d. Me cuesta participar en la plática social.

e. Se me dificulta permanecer largo tiempo sentado, pues necesito moverme.

f. Soy aficionado a la radio.

g. Me oriento bien, de modo que generalmente nunca me pierdo.

h. Me encanta pasar un día de campo.

Dos

a. Cuando hablo o escribo me interesa encontrar el término adecuado.

b. Me siento seguro cuando planifico mis actividades.

c. Prefiero convivir con otros que estar solo.

d. Me molestan las personas vacías.

e. Me gusta bailar.

f. Si tengo tiempo libre me parece buena opción asistir a conciertos.

g. Observo la textura, el manejo de la luz y los contornos de los objetos.

h. En el lugar donde vivo me gusta que haya plantas y flores.

Tres

a. Me agrada hablar acerca de lo que leo y de lo que vivo.

b. Puedo resolver problemas con facilidad.

c. En una discusión puedo entender el punto de vista de las dos partes.

d. Elijo actividades de mayor reflexión y profundidad.

e. Me expreso con ademanes.

f. Considero apasionada la vida de los grandes músicos.

g. Me encanta la arquitectura y las obras de arte.

h. Tengo mascotas.

Cuatro

a. Me apasiona la idea de expresarme verbalmente.

b. Tiendo a organizar datos dentro de una estructura lógica.

c. Comparto objetos con los demás aunque no me los devuelvan.

d. Disfruto de la soledad.

e. Estoy convencido de que un gesto vale más que mil palabras.

f. Me identifico con las personas que tocan un instrumento.

g. Tengo facilidad para explicarme con el uso de bocetos.

h. El santuario de las mariposas monarca es uno de mis lugares favoritos.

Cinco

a. Tengo facilidad para aprender idiomas.

b. Me molesta la inexactitud y la improvisación.

c. Las personas suelen acercarse a mi en busca de consejo y apoyo.

d. Soy exigente conmigo mismo.

e. Me gusta destacar en algún deporte.

f. La música me inspira, de manera que rindo más cuando trabajo con música de fondo.

g. Al comprar un libro me llama la atención el diseño de la portada.

Seis

a. Uno de mis pasatiempos favoritos es la lectura.

b. Puedo prever las consecuencias de un hecho o evento.

c. Me gusta asistir a reuniones sociales.

d. Me incomodo cuando los demás no están de acuerdo conmigo.

e. Para conocer las montañas me gusta escalarlas.

f. Cuando escucho música me detengo para identificarla.

g. En una fotografía me fijo en la perspectiva y en el enfoque.

h. Disfruto el mar cuando miro las olas y escucho sus sonidos.

Siete

a. Cuando voy a una librería, siempre hay un libro que me atrae.

b. Me desespero cuando las cosas no salen como las he planeado.

c. Me gusta asistir a cursos por las personas que conozco en ellos.

d. Me incomoda tener que hablar de mis sentimientos.

e. Siempre llevo el ritmo al caminar.

f. Suelo tararear la canción de moda.

g. Prefiero trabajar en lugares iluminados por la luz solar.

h. Siento que el contacto con la naturaleza me llena de energía.

Ocho

a. Me gusta llevar un diario o anotar las cosas importantes que suceden en mi vida.

b. Me altera una persona poco organizada.

c. Siempre me llaman para organizar y animar las fiestas.

d. Me gustan los momentos de intimidad en la penumbra.

e. Utilizo mi cuerpo para expresarme.

f. Disfruto mucho los conciertos de música en vivo.

g. Los cuadros de paisaje son los que más me gustan.

h. Por las noches tengo la costumbre de mirar las estrellas.

Nueve

a. Tengo facilidad para convencer a los demás.

b. Si estoy en un teatro, cuento cuántas butacas hay.

c. Para mí, una forma de descansar reside en convivir con las personas.

d. Me detengo a meditar sobre los sentimientos que me provocan otras personas.

e. Me gusta tocar a las personas y que me toquen.

f. Cuando tengo que aprender algo de memoria, se me facilita si le pongo música.

g. La combinación de colores es importante en mi vestuario.

h. Me gustaría ser arqueólogo.

Diez

a. Me es fácil expresar con palabras lo que siento.

    b. Antes de actuar pienso con atención en los pasos que debo seguir.

    c. Participo en las situaciones de la gente que me rodea.

    d. Identifico fácilmente las cosas que me irritan de una persona.

    e. Me gustaría tomar clases de expresión corporal.

    f. Me fijo en la banda sonora de las películas.

    g. Para comprar muebles los visualizo primero en mi casa.

    h. Diferencio con facilidad las características de los autos de distinta marca.

Ahora cuenta cuántas veces seleccionaste cada una de las opciones y represéntalo en la siguiente gráfica.

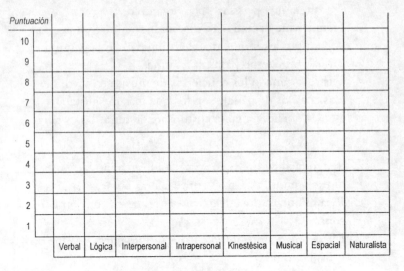

Figura 4

Ahora vamos a describir brevemente cada inteligencia.

A. Inteligencia verbal o lingüística: la capacidad para usar palabras habladas, escritas u oídas. Permite a las personas comunicarse y encontrar significados a partir de palabras. Los autores y poetas ejemplifican esta inteligencia, así como las personas a quienes les gusta jugar con rimas y chistes, que les agrada contar historias y que aprenden fácilmente idiomas extranjeros.

B. Inteligencia matemática o lógica: *números, signos y relaciones*: permite a los individuos usar y apreciar las relaciones abstractas. Despliegan esta inteligencia los científicos, matemáticos y filósofos, así como las personas que analizan con cuidado los componentes de los problemas laborales o personales, y que aman las estadísticas de deportes u otros temas de la vida cotidiana.

C. Inteligencia interpersonal: *la capacidad para entender los estados de ánimo y las preocupaciones de los demás*: permite a los individuos reconocer y distinguir entre los sentimientos de otros y sus intenciones. Las personas demuestran esta inteligencia cuando saben trabajar en grupos, cuando se dan cuenta y reaccionan ante los estados de ánimo de sus amigos y compañeros y cuando convencen con tacto a sus superiores de alguna idea propia.

D. Inteligencia introspectiva o intrapersonal: *la capacidad para entender los sentimientos propios*: ayuda a los individuos a reconocer y distinguir sus propios sentimientos, a construir modelos mentales veraces de sí mismos, a conocer sus habilidades y deficiencias y a no tener falsas expectativas respecto a su desempeño.

E. Inteligencia corporal o kinestésica: *cuando los músculos tienen memoria y significado propio*: permite a los individuos usar su cuerpo o partes de él para crear productos o resolver problemas. Los atletas, cirujanos, bailarines, coreógrafos y artesanos utilizan mucho esta inteligencia. Las personas que la poseen prefieren hacer maquetas, así como gozar de actividades físicas y de la danza y el teatro.

F. Inteligencia musical: trabajar con sonidos en su infinita variedad: posibilita a los individuos a comunicarse, crear y comprender significados por medio del sonido. Los compositores y músicos, así como las personas que se sienten atraídas por los ruidos medioambientales, el canto de los pájaros o los que marcan el ritmo con un lápiz o con el pie poseen este tipo de inteligencia.

G. Inteligencia espacial: la capacidad para visualizar objetos o lugares con movimientos y dimensiones: hace posible que los individuos perciban información visual o espacial, transformar esta información y recrear de memoria imágenes visuales. Esta inteligencia es esencial para escultores, arquitectos e ingenieros. Las personas que poseen esta inteligencia se apoyan en gráficas e imágenes y les gusta hacer mapas de sus ideas.

H. Inteligencia naturalista: clasificación, discriminación y observación del medio: permite a los individuos distinguir, clasificar y utilizar elementos del ambiente urbano, suburbano, rural y natural. Tienen esta inteligencia los agricultores, jardineros, botánicos, geólogos, floristas y arqueólogos, así como las personas que pueden nombrar y describir características de una gran variedad de modelos de automóviles, aviones u otros objetos o fenómenos de su entorno.

Gardner sugiere que todos poseemos todas estas inteligencias y que la combinación del desarrollo de una y su suma es única como una huella digital.

Ahora interpretaremos tus resultados en aquellas habilidades que seleccionaste con mayor frecuencia, son tus áreas fuertes, en las que debes apoyarte para aprender mejor, sobre todo, para realizar tareas que te parezcan complejas o difíciles, a su vez, las que seleccionaste con menor frecuencia las denominaremos áreas de desarrollo potencial, es decir, aquellas en las que debemos trabajar para incrementar nuestro potencial.

A continuación señala tus habilidades más importantes, y tus áreas de desarrollo potencial:

Mis habilidades son:

_____

_____

_____

Mis áreas de desarrollo potencial son:

_____

_____

_____

Con seguridad te preguntarás: ¿cómo puedo incrementar mis habilidades? o, en otras palabras, ¿cómo puedo desarrollar mis áreas potenciales? Las respuestas son varias:

1. Trabaja con quienes tienen desarrolladas las habilidades que quieres incrementar, para que aprendas de ellas; recuerda que el modelado es una de las formas como aprendemos más fácilmente los humanos.

2. Explora nuevas formas de aprender y no temas al fracaso, pues sólo si te sometes a prueba, incrementarás tu inteligencia. Recuerda que nada nos limita más que nuestros miedos e inseguridades.

3. Combina tus habilidades más importantes con las de desarrollo potencial, para que las primeras impulsen a las segundas. Por ejemplo, si tienes que memorizar una lista de palabras y tus habilidades son la música y la kinestésica, podrás agregar el concepto de música a la lista para facilitar tu aprendizaje, o asociar a cada una de ellas con distintos

movimientos de tu cuerpo. Si tienes la inteligencia lógico secuencial más desarrollada, podrás idear una historia en la que cada palabra que memorices forme parte del relato, lo cual facilitará la tarea de memorizar palabras.

Piensa, por ejemplo, en las clases de geografía, en las que debes aprender gran cantidad de nombres de ciudades, países, ríos, montañas, etcétera. Si tu inteligencia verbal no es un área fuerte en ti pero sí la lógica secuencial, piensa en un viaje, en los lugares que visitarías, la secuencia con que lo harías, e incluso en el número de días que pasarías en cada lugar, lo cual facilitará el aprendizaje y el recuerdo posterior.

Si tu inteligencia es la espacial y debes realizar la misma tarea, diseña una representación gráfica que favorezca el aprendizaje.

Si no sólo llevas a cabo una de estas opciones sino también pruebas combinarlas, tu capacidad se ampliará y pronto te sorprenderás de ver lo fácil que te resulta.

Piensa y escribe cinco tareas que sean complicadas o difíciles de aprender para ti y escríbelas en los renglones siguientes:

_____

_____

_____

_____

_____

Ahora piensa y escribe qué tipo de "procesador" o inteligencia empleas cuando tienes que realizar estas tareas, y anótalo en la columna de la izquierda, mientras que en la de la derecha escribe cómo facilitarías esta tarea, es decir, cómo puedes usar tus mejores habilidades para desarrollar esas tareas:

Cuadro 1

Cómo lo hago	Cómo lo puedo mejorar

A continuación te presentamos un cuadro sinóptico de las ocho inteligencias, en el cual destaca la persona que las posee, que le gustan y la manera como aprende mejor cada una de ellas.

Cuadro 2 Inteligencias múltiples

Área	Destaca en	Le gusta	Aprende mejor
Lingüístico-verbal	Lectura, escritura, narración de historias, memorización de fechas, y el pensamiento de palabras	Leer, escribir, contar, hablar, memorizar y resolver enigmas	Leyendo, escuchando y viendo palabras, hablando, escribiendo, discutiendo y debatiendo
Lógico-matemática	Matemáticas, razonamiento lógico, resolución de problemas y pautas	Resolver problemas, cuestionar, trabajar con números y experimentar	Usando pautas y relaciones, clasificando y trabajando con lo abstracto
Espacial-visual	Lectura de mapas, gráficas, dibujar laberintos y rompecabezas, imaginar cosas y visualizar	Diseñar, dibujar, construir, crear, soñar despierto y mirar dibujos	Trabajando con dibujos y colores, visualizando, usando la imaginación y dibujando

continúa ⟶

continuación ⟶

Corporal-kinestésica	Atletismo, danza, arte dramático, trabajos manuales y utilizar herramientas	Moverse, tocar y hablar con un lenguaje corporal	Tocando, moviéndose, procesando información por medio de sensaciones corporales
Musical	Cantar, reconocer sonidos y recordar melodías y ritmos	Cantar, tararear, tocar un instrumento y escuchar música	Ritmo, melodía, cantando y escuchando música y melodías
Interpersonal	Entender a la gente, liderar, organizar, comunicar, resolver conflictos y vender	Tener amigos y hablar y reunirse con gente	Compartiendo, comparando, relacionando, entrevistando y cooperando
Intrapersonal	Entenderte a ti mismo, reconocer tus habilidades y deficiencias y establecer objetivos	Trabajar solo, reflexionar y seguir tus intereses	Trabajando solo, haciendo proyectos a su ritmo, teniendo espacio y reflexionando
Naturalista	Entender la naturaleza, hacer distinciones e identificar la flora y la fauna	Participar en la naturaleza, hacer distinciones	Trabajando en medios naturales, explorando los seres vivientes, aprendiendo acerca de las plantas y temas relacionados

Dominancia hemisférica cerebral: ¿soy lógico u holístico para aprender?

En términos generales las personas tienen un hemisferio cerebral dominante, es decir, uno que sobresale en relación con el otro. Como cada uno de ellos está asociado a una serie de características de comportamiento particulares y procesa de distinta manera la información que recibe (es decir, hay distintas formas de pensamiento asociadas con cada hemisferio), el modo de organizar esa información afectará nuestro estilo de aprendizaje.

Según como organicemos la información recibida, podremos distinguir entre personas hemisferio derecho y personas hemisferio izquierdo. El hemisferio lógico, normalmente el izquierdo, procesa la información de manera secuencial y lineal, forma la imagen del todo a partir de las partes y se ocupa de analizar los detalles; además piensa en palabras y en números, es decir, contiene la capacidad para la matemática y para leer y escribir. Este hemisferio emplea un estilo de pensamiento convergente y obtiene nueva información al usar datos disponibles, formando nuevas ideas o datos convencionalmente aceptables.

El hemisferio holístico, normalmente el derecho, procesa la información de manera global, a partir del todo para entender las distintas partes que lo componen. Asimismo es intuitivo en vez de lógico y piensa en imágenes y sentimientos. Este hemisferio emplea un estilo de pensamiento divergente, creando una variedad y cantidad de ideas nuevas, más allá de los patrones convencionales. El currículum escolar toma en cuenta las habilidades de este hemisferio para los cursos de arte, música y educación física.

Aunque no siempre el hemisferio lógico corresponde al hemisferio izquierdo ni el holístico al derecho, en un principio pensamos que así era, por lo cual con frecuencia se habla de alumnos hemisferio izquierdo (o alumnos analíticos) y alumnos hemisferio derecho (o alumnos relajados o globales).

Un hemisferio no es más importante que el otro: para realizar cualquier tarea necesitamos usar los dos hemisferios, especialmente si es una tarea complicada. Además, para aprender bien necesitamos usar los dos hemisferios, pero la mayoría tendemos a utilizar uno más que el otro, o preferimos pensar de una manera o de otra. Cada forma de pensar está asociada con distintas habilidades.

El comportamiento en el aula de los alumnos variará en función del modo de pensamiento que prefieran.

¿Quieres saber si eres lógico u holístico para aprender? Ubica un objeto que se encuentre en línea recta a 2 metros de ti, enfócalo con los dos ojos abiertos, tapa con tu mano tu ojo derecho y observa el mismo objeto con el ojo izquierdo. Repite el procedimiento, pero ahora tapa tu ojo izquierdo. Como habrás observado, el objeto parece desplazarse del centro hacia el lado del ojo que mantienes abierto. Repite el procedimiento y observa ¿con qué ojo se desplaza menos del centro?

Si se desplaza menos cuando miras sólo con el ojo izquierdo, tu hemisferio dominante será el derecho, pero si es con el derecho, tu hemisferio será el izquierdo. Recuerda que los hemisferios controlan la parte opuesta del cuerpo.

Ahora pide a alguien que te lance una pelota a una distancia de 2 metros y observa con qué mano tiendes a atraparla.

Cruza tus bazos por el frente de ti, a la altura de tu cintura, y observa qué brazo se encuentra por delante.

Si tiendes a usar tu mano derecha y a colocar tu brazo derecho por delante, tu hemisferio dominante será el izquierdo. Por el contrario, si tiendes a utilizar la mano izquierda y ésta se encuentra por delante cuando cruzas tus brazos, tu hemisferio dominante será el derecho.

A continuación te presentamos una breve descripción de cómo procesa la información cada hemisferio cerebral.

Cuadro 3

Hemisferio izquierdo	Hemisferio derecho
Verbal: usa palabras para nombrar, describir y definir	*No verbal*: tiene conocimiento de las cosas, pero una relación mínima con las palabras
Analítico: soluciona las cosas paso a paso y parte por parte	*Sintético*: une las cosas para formar todos o conjuntos
Simbólico: usa símbolos para representar algo	*Concreto*: se relaciona con las cosas como son en el presente
Abstracto: toma un pequeño fragmento de información y lo utiliza para representar el todo	*Analógico*: ve semejanzas entre las cosas y comprende relaciones metafóricas
Temporal: lleva la cuenta del tiempo y ordena las cosas en sucesión, una después de la otra	*Atemporal*: no tiene sentido del tiempo
Racional: extrae conclusiones basadas en el pensamiento lógico y en datos	*No racional*: no necesita basarse en la razón ni en datos
Digital: usa números como al contar	*Espacial*: ve la relación entre una cosa y otra y la manera como las partes se unen para formar un todo
Lógico: extrae conclusiones basadas en la lógica	*Intuitivo*: da saltos de comprensión y a menudo saca conclusiones con datos incompletos
Lineal: piensa en función de ideas encadenadas, de modo que un pensamiento sigue a otro, lo cual suele concluir en una situación convergente	*Holístico*: ve la totalidad de las cosas de una vez y percibe formas y relaciones en su conjunto, lo cual suele conducir a conclusiones convergentes

Fuente: http://espanol.geocities.com/bioludica/potencialcerebral/potencial.htm#comparacion

A continuación te presentamos un cuadro que contiene algunas de las actividades que pueden facilitar tu aprendizaje, en función del hemisferio dominante que poseas.

Cuadro 4 Actividades para los dos hemisferios

Hemisferio lógico	Hemisferio holístico
Hacer esquemas	Hacer mapas conceptuales
Dar reglas	Dar ejemplos
Explicar paso a paso	Empezar por explicar la idea global
Leer los textos desde el principio	Comenzar por leer el final del texto para saber adónde terminará
Escribir un texto a partir de fotos o dibujos	Convertir un texto en un cómic
Organizar en apartados	Organizar por colores
Dar opiniones razonadas	Expresar emociones e impresiones

Si tu hemisferio dominante es el holístico, seguramente se te facilitará más comprender las características de cada modo de procesar la información de los dos hemisferios cerebrales, por medio del siguiente mapa metal.

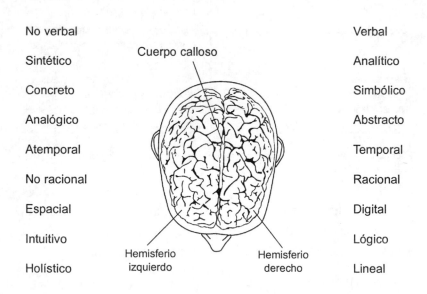

No verbal	Verbal
Sintético	Analítico
Concreto	Simbólico
Analógico	Abstracto
Atemporal	Temporal
No racional	Racional
Espacial	Digital
Intuitivo	Lógico
Holístico	Lineal

Cuerpo calloso

Hemisferio izquierdo

Hemisferio derecho

Figura 5

Recuerda nuevamente que conocer tus características debe facilitar el aprendizaje; para ello, debes apoyarte en las áreas que tienes desarrolladas, con el fin de aprender los nuevos conocimientos que se te presentan y, al mismo tiempo, trabajar para incrementar la capacidad de las áreas que hemos denominado de desarrollo potencial. Cada día podrás ser más inteligente, si te esfuerzas por serlo.

Ahora te presentamos algunas recomendaciones que podrás emplear para favorecer tu aprendizaje en función de la manera como procesas la información.

Secuencial lógico

Para los aprendices secuenciales es más fácil aprender el material que presenta una progresión lógica y ordenada, pues solucionan los problemas de manera lineal y paso a paso. Dichos individuos pueden trabajar con secciones de material sin comprender todavía el concepto completo, tienden a ser más fuertes cuando observan las partes de un todo en lugar de comprender el todo y dividirlo en partes y aprenden mejor cuando estudian el material en una progresión de lo más fácil a lo más complejo o difícil. La mayoría de los cursos se imparten en forma secuencial.

Estrategias sugeridas por los alumnos para el aprendiz secuencial

- Si tienes una clase en la que el profesor pasa de un tema a otro u omite algunos pasos, pídele que complemente las partes faltantes o que te ayude a relacionar los temas.
- Cuando estudias los apuntes de una clase en la que el profesor presenta la información de manera aleatoria, no los leas en el orden en que están, sino tómate tiempo para volver a escribir el material de acuerdo con una lógica que te ayude a comprenderlo mejor. Aunque esto te llevará tiempo, a la larga te ahorrará horas de estudio.

Si tu estilo de aprendizaje es *global* u *holístico* las recomendaciones siguientes te serán útiles: los aprendices globales aprenden de forma general. Quizá se sientan perdidos durante días y semanas, incapaces de resolver los problemas más sencillos o de demostrar la comprensión más rudimentaria, hasta que de repente "captan la idea". Es probable que se sientan tontos y desanimados mientras luchan con el material que muchos otros aprendices parecen aprender con facilidad; sin embargo, una vez que comprenden, tienden a ver el panorama general en un grado que otros alumnos no logran a menudo. Casi siempre son muy creativos.

Estrategias sugeridas por los alumnos para el aprendiz global

- Ante todo, reconocer que no eres lento ni tonto.
- Antes de estudiar un capítulo de un libro, lee todos los subtítulos para tener una idea general de lo que trata el capítulo.
- Cuando recibas tu primera tarea sobre un tema nuevo, dedica un tiempo extra y revisa todo el capítulo antes de empezar. Este tipo de "lectura preliminar" te evitará leer una y otra vez las partes que no puedas comprender.
- En vez de dedicar poco tiempo a cada material todas las noches, dedica algunas a materias específicas y profundiza en una a la vez. Después, mantente alejado de esa materia durante un día o dos.
- Trata de relacionar los temas con otras cosas que ya sabes. Pregúntate cómo puedes aplicar el material y cómo se relaciona con algo más.
- No pierdas la fe en ti mismo. Lo lograrás y, una vez que lo hagas, quizá puedas hacer con ello más de lo que imaginas.

Estilo de aprendizaje de acuerdo con la manera como es empleada la información

El modelo de estilos de aprendizaje elaborado por Kolb supone que para aprender algo debemos trabajar o procesar la información que recibimos. Dicho autor dice que podemos partir: *a*) de una experiencia directa y concreta (alumno activo) o *b*) de una experiencia abstracta, la cual tenemos cuando leemos acerca de algo o cuando alguien nos lo cuenta (alumno teórico).

Las experiencias que tengamos, concretas o abstractas, se transforman en conocimiento cuando las elaboramos de alguna de las formas siguientes: *a*) reflexionando y pensando en ellas: alumno reflexivo y *b*) experimentando de manera activa con la información recibida: alumno pragmático.

Según el modelo de Kolb, un aprendizaje óptimo es el resultado de trabajar la información en cuatro fases:

a. *Experiencia concreta*: participar en experiencias, sentir antes de pensar, preocuparnos por la autenticidad y complejidad de las cosas y por lo intuitivo en lugar de lo sistemático, trabajar mejor en situaciones no estructuradas y valorar relacionarnos con personas.

b. *Experiencia reflexiva*: entender el significado de ideas y situaciones mediante una observación cuidadosa, preocuparnos por comprender antes de aplicar, entender cómo y por qué antes de aplicar, hacer buenos análisis de implicaciones que pueden tener situaciones específicas y valorar la paciencia, la imparcialidad y el juicio cabal.

c. *Conceptualización abstracta*: usar la lógica, las ideas y los conceptos, poner énfasis en pensar en vez de sentir, interesarnos en desarrollar teorías generales en lugar de entender situaciones con la intuición, hacer una buena planificación sistemática, entender los símbolos abstractos y realizar un análisis cuantitativo.

d. *Experimentación activa*: influir en personas, cambiar situaciones activamente, aplicar en la práctica más que entender con la reflexión, qué funciona mejor en oposición a la verdad absoluta, hacer antes de observar, tomar riesgos para lograr objetivos, valorar tener impacto e influir en el medio ambiente, y ver los resultados.

En la práctica, la mayoría tendemos a especializarnos sólo en una o dos de esas cuatro fases, por lo que se pueden diferenciar cuatro tipos de alumnos, según la fase en la que prefieran trabajar: alumno activo, alumno reflexivo, alumno teórico y alumno pragmático.

Características generales de cada estilo

Alumnos activos

Participan totalmente y sin prejuicios en las experiencias nuevas; disfrutan el momento y se dejan llevar por los acontecimientos; suelen ser entusiastas ante lo nuevo, a la vez que tienden a actuar primero y pensar después en las consecuencias; llenan sus días de actividades y en cuanto disminuye el interés por una de ellas se lanzan a la siguiente; les aburre ocuparse de planes a largo plazo y consolidar los proyectos, les gusta trabajar rodeados de gente, pero siendo el centro de las actividades.

La pregunta que quieren responder con el aprendizaje es ¿cómo adquirirlo?

⇨ *Los alumnos activos aprenden mejor*: cuando se lanzan a una actividad que les presente un desafío, cuando realizan actividades cortas y de resultado inmediato y cuando hay emoción, drama y crisis.

⇨ *Les cuesta más trabajo aprender*: cuando tienen que adoptar un papel pasivo, cuando tienen que asimilar, analizar e interpretar datos y cuando tienen que trabajar solos.

Alumnos reflexivos

Los alumnos reflexivos tienden a adoptar la postura de un observador que analiza sus experiencias desde muchas perspectivas distintas; recogen datos y los analizan detalladamente antes de llegar a una conclusión; para ellos, lo más importante es el acopio de datos para su análisis concienzudo, así que procuran posponer las conclusiones todo lo que pueden; son precavidos y estudian todas las implicaciones de cualquier acción antes de ponerse en movimiento, y en las reuniones observan y escuchan antes de hablar, procurando pasar inadvertidos.

La pregunta que quieren responder con el aprendizaje es ¿por qué?

⇨ *Los alumnos reflexivos aprenden mejor*: cuando pueden adoptar la postura del observador, cuando pueden ofrecer observaciones y analizar la situación y cuando pueden pensar antes de actuar.

⇨ *Les cuesta más aprender*: cuando se les obliga a convertirse en el centro de la atención, cuando se les apresura de una actividad a otra y cuando tienen que actuar sin poder planificar.

Alumnos teóricos

Los alumnos teóricos adaptan e integran las observaciones que realizan en teorías complejas y bien fundamentadas lógicamente; piensan de forma secuencial y paso a paso, integrando hechos dispares en teorías coherentes; les gusta analizar y sintetizar la información, mientras que su sistema de valores premia tanto la lógica como la racionalidad y se sienten incómodos con los juicios subjetivos, las técnicas de pensamiento lateral y las actividades faltas de lógica clara.

La pregunta que quieren responder con el aprendizaje es ¿qué?

⇨ *Los alumnos teóricos aprenden mejor*: a partir de modelos, teorías, sistemas con ideas y conceptos que presenten un desafío, cuando tienen oportunidad de preguntar e indagar.

⇨ *Les cuesta más aprender:* con actividades que impliquen ambigüedad e incertidumbre y en situaciones que destaquen las emociones y los sentimientos, cuando tienen que actuar sin un fundamento teórico.

Alumnos pragmáticos

A los alumnos pragmáticos les gusta probar ideas, teorías y técnicas nuevas, y comprobar si funcionan en la práctica; les gusta buscar ideas y ponerlas en práctica de inmediato, les aburren e impacientan las largas discusiones en las que es discutida la misma idea de forma interminable; son por lo general gente práctica y apegada a la realidad, a la que le gusta tomar decisiones y resolver problemas. Los problemas son un desafío y los alumnos siempre buscan una manera mejor de hacer las cosas.

La pregunta que quieren responder con el aprendizaje es qué pasaría si...?

⇨ *Los alumnos pragmáticos aprenden mejor*: con actividades que relacionen la teoría y la práctica, cuando ven a los demás hacer algo y cuando tienen la posibilidad de poner en práctica inmediatamente lo que han aprendido.

⇨ *Les cuesta más aprender*: cuando lo que aprenden no está relacionado con sus necesidades inmediatas, con aquellas actividades que no tienen una finalidad aparente y cuando lo que hacen no corresponde a la *realidad*.[2]

¿Te gustaría saber qué estilo cognoscitivo tienes de acuerdo con la manera como empleas la información?

Cuestionario Honey-Alonso de estilos de aprendizaje
Chaea C.M. Alonso, D. J. Gallego y P. Honey

De las afirmaciones que a continuación se listan, marca con una palomita con las que más te identifiques:

1. Tengo fama de decir claramente y sin rodeos lo que pienso.
2. Estoy seguro de lo que es bueno y de lo que es malo, de lo que está bien y de lo que está mal.
3. Muchas veces actúo sin mirar las consecuencias.
4. Normalmente trato de resolver mis problemas metódicamente y paso a paso.
5. Creo que los formalismos coartan y limitan la actuación libre de las personas.
6. Me interesa saber cuáles son los sistemas de valores de los demás y con qué criterios actúan.
7. Pienso que actuar intuitivamente puede ser siempre tan válido como actuar reflexivamente.
8. Creo que lo más importante es que las cosas funcionen.
9. Procuro estar al tanto de lo que ocurre aquí y ahora.

---

[2] Características de cada estilo según Alonso, C., Domingo J. y Honey, P. (1994), *Los estilos de aprendizaje: procedimientos de diagnóstico y mejora*, Ediciones Mensajero, Bilbao, págs. 104-116.

10. Disfruto cuando tengo tiempo para preparar mi trabajo y realizarlo a conciencia.
11. Estoy a gusto siguiendo un orden en las comidas y en el estudio y haciendo ejercicio regularmente.
12. Cuando escucho una nueva idea, en seguida empiezo a pensar cómo ponerla en práctica.
13. Prefiero las ideas originales y novedosas aunque no sean prácticas.
14. Admito y me ajusto a las normas sólo si me sirven para lograr mis objetivos.
15. Normalmente encajo bien con personas reflexivas y me cuesta trabajo entender con personas demasiado espontáneas e imprevisibles.
16. Escucho con más frecuencia que hablo.
17. Prefiero las cosas estructuradas a las desordenadas.
18. Cuando tengo cualquier información, trato de interpretarla bien antes de manifestar alguna conclusión.
19. Antes de hacer algo, estudio con cuidado sus ventajas e inconvenientes.
20. Crezco con el reto de hacer algo nuevo y diferente.
21. Casi siempre procuro ser coherente con mis criterios y sistemas de valores. Tengo principios y los sigo.
22. Cuando hay una discusión, no me gusta andar con rodeos.
23. Me disgusta participar afectivamente en mi ambiente de trabajo. Prefiero mantener relaciones distantes.
24. Me gustan más las personas realistas y concretas que las teóricas.
25. Me gusta ser creativo(a) y romper estructuras.
26. Me siento a gusto con personas espontáneas y divertidas.
27. La mayoría de las veces expreso abiertamente cómo me siento.
28. Me gusta analizar y dar vueltas a las cosas.
29. Me molesta que la gente no tome en serio las cosas.
30. Me atrae experimentar y practicar las últimas técnicas y novedades.
31. Soy cauteloso(a) a la hora de llegar a conclusiones.
32. Prefiero contar con el mayor número de fuentes de información, de modo que cuantos más datos reúna para reflexionar será mejor.
33. Tiendo a ser perfeccionista.
34. Prefiero oír las opiniones de los demás antes de exponer la mía.

35. Me gusta afrontar la vida espontáneamente y no tener que planificar todo.
36. En las discusiones me gusta observar cómo actúan los demás participantes.
37. Me siento incómodo(a) con las personas calladas y demasiado analíticas.
38. Juzgo con frecuencia las ideas de los demás por su valor práctico.
39. Me agobia estar obligado a acelerar mucho el trabajo para cumplir un plazo.
40. En las reuniones apoyo las ideas prácticas y realistas.
41. Es mejor gozar del momento presente que deleitarse pensando en el pasado o en el futuro.
42. Me molestan las personas que siempre desean apresurar las cosas.
43. Aporto ideas nuevas y espontáneas en los grupos de discusión.
44. Pienso que son más conscientes las decisiones fundamentadas en un minucioso análisis que las basadas en la intuición.
45. Detecto frecuentemente la inconsistencia y puntos débiles en las argumentaciones de los demás.
46. Creo que es preciso infringir las normas más veces que cumplirlas.
47. A menudo caigo en cuenta de otras formas mejores y más prácticas de hacer las cosas.
48. En conjunto hablo más que escucho.
49. Prefiero distanciarme de los hechos y observarlos desde otras perspectivas.
50. Estoy convencido(a) que deben imponerse la lógica y el razonamiento.
51. Me gusta buscar nuevas experiencias.
52. Me gusta experimentar y aplicar las cosas.
53. Pienso que debemos llegar pronto al meollo de los temas.
54. Siempre trato de tener ideas claras y llegar a conclusiones.
55. Prefiero discutir cuestiones concretas y no perder el tiempo con charlas vacías.
56. Me impaciento cuando me dan explicaciones irrelevantes e incoherentes.
57. Compruebo antes si las cosas funcionan realmente.
58. Hago varios borradores antes de redactar en definitiva un trabajo.

59. Estoy consciente de que en las discusiones ayudo a mantener a los demás centrados en el tema, evitando divagaciones.

60. Observo que, con frecuencia, soy uno(a) de los(las) más objetivos(as) y desapasionado(a) en las discusiones.

61. Cuando algo va mal le quito importancia y trato de hacerlo mejor.

62. Rechazo ideas originales y espontáneas si no las veo prácticas.

63. Me gusta analizar diversas alternativas antes de tomar una decisión.

64. Con frecuencia miro hacia delante para prever el futuro.

65. En las discusiones prefiero desempeñar un papel secundario antes que ser el/la líder o el/la que más participa.

66. Me molestan las personas que no actúan con lógica.

67. Me resulta incómodo tener que planificar y prever las cosas.

68. Creo que el fin justifica los medios en muchos casos.

69. Suelo reflexionar sobre los asuntos y problemas.

70. Trabajar a conciencia me llena de satisfacción y orgullo.

71. Ante los acontecimientos, trato de descubrir los principios y teorías en que se basan.

72. Con tal de conseguir el objetivo que pretendo, soy capaz de herir sentimientos ajenos.

73. No me importa hacer lo necesario para que mi trabajo sea efectivo.

74. Con frecuencia soy una de las personas que más anima las fiestas.

75. Me aburro en seguida con el trabajo metódico y minucioso.

76. La gente suele creer que soy poco sensible a sus sentimientos.

77. Suelo dejarme llevar por mis intuiciones.

78. Si trabajo en grupo procuro seguir un método y un orden.

79. Con frecuencia me interesa averiguar lo que piensa la gente.

80. Esquivo los temas subjetivos, ambiguos y poco claros.

Perfil de aprendizaje

1. *Marca con un círculo cada número señalado con un signo más (+).*
2. *Suma el número de círculos que hay en cada columna.*
3. *Coloca estos totales en la gráfica. Así comprobarás cuál es tu estilo o estilos de aprendizaje preferentes.*

I	II	III	IV
3	10	2	1
5	16	4	8
7	18	6	12
9	19	11	14
13	28	15	22
20	31	17	24
26	32	21	30
27	34	23	38
35	36	25	40
37	39	29	47
41	42	33	52
43	44	45	53
46	49	50	56
48	55	54	57
51	58	60	59
61	63	64	62
67	65	66	68
74	69	71	72
75	70	78	73
77	79	80	76

Totales: _____

Activo	Reflexivo	Teórico	Pragmático

Grupo _____

Ahora tienes los elementos necesarios para reconocer tus características como aprendiz; elabora una representación gráfica o verbal de la manera de aprender mejor, de acuerdo con la forma de representar la información, cómo la procesas, cómo la organizas y cómo la empleas.

Recuerda que la representación que ahora harás es la fotografía de momento actual y es la plataforma en la que construirás y ampliarás tu manera de aprender.

Aunque el estilo cognoscitivo es una tendencia relativamente estable para aprender, éste se puede modificar, enriquecer y potenciar tanto como trabajes para lograrlo.

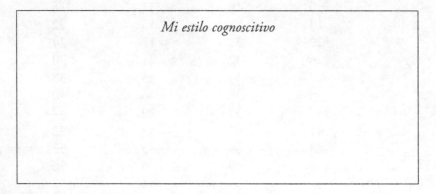

Mi estilo cognoscitivo

Una vez que tienes claras tus capacidades y potencialidades, escribe en el cuadro siguiente las ventajas que encuentras como aprendiz:

Mis ventajas como aprendiz

Para finalizar este capítulo, establece las metas que te propones lograr como aprendiz a partir de tus áreas de desarrollo potencial, así como las acciones que llevarás a cabo para lograr esas metas.

En los capítulos siguientes empezaremos a trabajar con procedimientos específicos para mejorar y enriquecer tu manera de aprender.

Cuadro 6

Área de oportunidad	Meta	Acción

capítulo 2

Motivación

¿Qué es la motivación?

La motivación es uno de los elementos más importantes para el aprendizaje; en términos generales, *alude* a un *estado interno que nos activa y nos permite mantener una conducta* relacionada estrechamente con los intereses y las metas que nos proponemos a lo largo de nuestra vida. De hecho, el factor motivación es considerado *uno de los determinantes más significativos* del éxito o fracaso en cualquier área de la experiencia humana, incluido el ámbito escolar; por ejemplo, si en este momento tengo el interés de aprender a dibujar, comenzaré a investigar lo relativo a algunas escuelas o cursos que me permitan aprender a hacerlo e incluso puedo proponerme como una de mis metas que en diciembre pintaré un bonito cuadro para regalarlo a alguien muy especial.

Figura 6

Este interés y la meta que me he propuesto me harán sentir motivado(a) para inscribirme en una escuela de dibujo, planear mis actividades y conseguir el material necesario para aprender a dibujar con el fin de que en diciembre tenga terminado el cuadro que quiero regalar.

La motivación puede ser considerada en términos de *cualidades personales* (o características individuales), por ejemplo: motivos, intereses, necesidades, incentivos, temores, metas, confianza en uno mismo, creencias y expectativas a futuro, entre otros aspectos. Por ejemplo, si me considero capaz de aprender a dibujar y tengo el interés de hacer un regalo de lo que aprenda, me empeñaré en lograrlo; por el contrario, si tuviera temor de fracasar en mi intento por saber dibujar, pues siempre me han dicho que no soy buena para hacerlo y lo he creído, difícilmente investigaré lo relacionado con las escuelas o cursos, e incluso descartaré la idea de dibujar algún día. En este sentido, también observamos el papel tan importante que tiene el autoconcepto para la motivación de lograr algo, ya sea un aprendizaje o poner en práctica nuestras habilidades.

La motivación también puede considerarse un estado o una situación momentánea que nos permite hacer las cosas; por ejemplo, si sólo me interesa hacer un regalo para Navidad pero no aprender a dibujar con técnica, podré inscribirme a un curso sencillo o intentar hacerlo por mi cuenta pero sin retomar la actividad posteriormente. Por ello, incluso lo que aprenda en el curso podré olvidarlo tiempo después.

Asimismo, quienes estudian lo relacionado con la motivación han considerado que ésta puede ser *intrínseca* o *ex-*

trínseca. ¿Qué tipo de motivación generalmente tienes? Para saberlo, responde a los planteamientos siguientes:

1. *Cuando practicas tu deporte preferido, lo haces pensando en*:
   a. El reconocimiento que te dan los demás, o en
   b. La satisfacción que te provoca poner tu mejor esfuerzo.
2. *Cuando realizas algún trabajo en casa, lo haces porque*:
   a. Así conseguirás un permiso para salir, o
   b. Te sientes complacido de cooperar en los trabajos de casa.
3. *Al hacer una tarea escolar, que parece difícil, te esfuerzas por terminarla porque*:
   a. Así no perderás puntos para el próximo examen, o
   b. Quieres desarrollar tus habilidades y aprender más acerca de la materia.

Si consideramos las respuestas de estos tres planteamientos, las que corresponden al inciso *a*) implican una *motivación extrínseca*, es decir, no nos interesa la actividad por su mérito o valor, sino sólo por el beneficio que nos aportará, por el reconocimiento que tendremos de los demás, para evitar algún castigo, para complacer a otros, para obtener una calificación o por alguna otra razón no relacionada con la tarea en sí misma. En cambio, las respuestas correspondientes al inciso *b*) indican que nuestra *motivación* es *intrínseca*, pues tenemos interés en las actividades por sí mismas, porque nos permitirán desarrollar nuestras habilidades o aumentar nuestro conocimiento, aunque impliquen algunos desafíos; en este caso, no necesitamos incentivos o reconocimientos externos (premios o castigos) debido a que la actividad es gratificante por sí misma.

La diferencia que marcan estos dos tipos de motivación es la ubicación de la causa para la acción, es decir, el *locus de causalidad*; si la causa que tenemos para hacer las cosas es externa, nuestro locus y motivación serán extrínsecos; pero si nuestra causa es interna, nuestro locus y motivación serán intrínsecos.

Es muy común que para ciertas actividades actuemos con uno u otro tipo de motivación, lo cual depende de nuestras características personales y de los acontecimientos que ocurren en nuestra vida; sin embargo, en lo correspondiente al aprendizaje, es recomendable estar motivados intrínsecamente y que, por tanto, las causas de nuestras acciones académicas sean internas.

La motivación para el aprendizaje o cómo me intereso en el contenido académico

Al considerar la motivación para el contenido académico, es necesario tener en cuenta lo que implica el *aprendizaje*, considerado el *proceso mediante el cual obtenemos nuevos conocimientos, habilidades o actitudes, por medio de experiencias vividas y que producen algún cambio en nuestro actuar o forma de ser.*

Desde pequeños tenemos la facultad de aprender por medio de nuestras vivencias y lo que conocemos nos permite establecer las bases para adquirir aprendizajes cada vez más complejos e incluso perfeccionamos nuestras acciones; por ejemplo, cuando aprendemos a andar en bicicleta, en un principio vemos cómo pedaleamos o cómo tomamos el manubrio, en vez de ver hacia dónde nos dirigimos, y si chocamos con un árbol o un poste aprendemos que debemos dirigir nuestra mirada hacia el camino que queremos recorrer; conforme practicamos, nuestra habilidad para andar en bicicleta se vuelve cada vez mejor, ya no chocamos e incluso aprendemos a realizar algunas piruetas montados en ella; si después de algún tiempo de no subir a una bicicleta, volviéramos a hacerlo, de seguro que no nos costaría trabajo manejarla, pues hemos adquirido el aprendizaje y difícilmente lo olvidaremos, aún más si ha sido *significativo* para nosotros, si le hemos encontrado alguna razón de aprenderlo, ya sea por diversión o por formar parte del grupo de niños que andan en bicicleta y si exploramos en ella algunos lugares o realizamos algunas competencias.

En el aprendizaje escolar, sucede algo muy similar; en un principio, ir a la escuela puede ser con la idea de que nuestros padres quieren que aprendamos a leer y escribir y que convivamos con otros niños; suele suceder que al aprender el contenido escolar cometamos algunos errores, pero la orientación de nuestros profesores y la práctica nos permitirán desarrollar habilidades y adquirir conocimientos; sin embargo, en algunas ocasiones sucederá que tengamos temor a enfrentar ciertas tareas porque hemos fracasado en otras en las que nos consideramos poco hábiles o que aún no tenemos el conocimiento para llevarlas a cabo. Cómo me interese en el contenido académico y con toda la experiencia escolar en sí me permitirá tener en cuenta también mis posibilidades de éxito.

Considera las situaciones siguientes y piensa por un momento cómo has reaccionado ante eventos similares que te hayan sucedido.

1. *Al realizar algún deporte por primera vez, cuando aún no conoces las reglas o algunas jugadas y te equivocas el primer día de entrenamiento, ¿qué haces?*
    a. Considerar que es mejor no volver a presentarme a los entrenamientos, pues "no soy bueno para esto".
    b. Estimar que no era tan fácil como lo había imaginado, "pero si me esfuerzo, de seguro aprenderé a hacerlo".

2. *Al preparar un tema de la materia que más trabajo te cuesta comprender y que debes exponer, ¿qué haces?*
   a. Pedirle a mi mejor amigo(a), a quien no le cuesta trabajo entender este tema, que lo haga por mí y que le diga al profesor que he enfermado.
   b. Pedir a mi mejor amigo(a), a quien se le facilita entender este tema, que me explique para poder exponer, además de plantearle mis dudas al profesor y presentarme con la idea de que me va a ir bien, pues resolví mis dudas.
3. *Al realizar una tarea de matemáticas que te es sumamente difícil y que sabes que contará para la calificación final, ¿qué haces?*
   a. Pedir a alguno de mis compañeros que me dé las respuestas de la tarea y que me deje copiar en el examen porque "no doy una en matemáticas".
   b. Pedir al profesor que me explique y aclare mis dudas, ya que quiero aprender y estar listo para mi examen.

Si consideramos las respuestas probables ante estas situaciones, nos daremos cuenta que las correspondientes al inciso *a)* nos llevan a la idea de evitar la situación y con ello disminuir la posibilidad de fracaso; esta forma de actuar puede tener como base un temor a no lograr el éxito, una falta de confianza en mis habilidades y conocimientos y la falsa idea de no poder conseguirlos, sin darme la posibilidad de reconsiderar mis intereses y motivación intrínseca y enfrentarme a los desafíos como un modo de lograr metas.

Por otra parte, las respuestas que corresponden al inciso *b)* implican que no descarto la existencia de la dificultad en la tarea; sin embargo, la considero un desafío que me permitirá ser mejor, adquirir habilidades, lograr aprendizaje y éxito en lo que debo realizar, y que no centro mi atención en la posibilidad del fracaso, sino en la oportunidad de tener éxito. Michel (2002)[3] menciona la diferencia en la actitud de quien dice "no puedo porque cometo errores" de la de quien afirma "puedo, a pesar de que cometa errores". Es más probable que el segundo tipo de personas logren sus metas y disfruten realmente lo que hacen.

Lo anterior alude a la importancia que tiene la actitud en nuestro desempeño diario, así, debemos tener claro que lo único que realmente depende de nosotros por completo es la actitud con que enfrentamos la vida:

> Lo más importante es que cada día tenemos que escoger cuál será la actitud con que enfrentaremos ese día. No podemos cambiar nuestro pasado, ni el hecho de que la gente actuará en determinada forma. Tampoco podemos cambiar lo inevitable; lo único que podemos hacer es tocar la única cuerda que tenemos, y ésta es la actitud. Estoy convencido de que la vida es 10% lo que me sucede y 90% cómo reacciono a lo que me sucede. Y lo mismo ocurre con usted... Nuestras actitudes están en nuestras manos.
>
> CHARLES SWINDOLL

Podemos encontrarnos con situaciones de aprendizaje que sean difíciles de asimilar, pero si en vez de evadirlas o intentar evitarlas por miedo a fracasar consideramos que pueden ser una oportunidad de éxito, de seguro que nuestra actitud, al ser positiva, nos llevará a lograrlo.

Con la idea de reflexionar en este punto, te proponemos que leas el texto siguiente y pienses cómo puedes aplicarlo en tu vida, especialmente la académica.

El inventor

En cierta ocasión entrevistaban a un inventor que había ideado un nuevo tipo de rodamiento. Para conseguir ese rodamiento, había diseñado antes alrededor de 230 modelos de rodamientos.

---

3 Michel, G. (2002), *Aprende a aprender, guía de autoeducación.* 13a. ed., México: Trillas.

El entrevistador le preguntaba que por qué no se había dado por vencido ante tantos fracasos. Sorprendido, el inventor contestó que esos 230 modelos anteriores no habían sido fracasos, sino soluciones a problemas todavía no planeados.[4]

Mis ideas y suposiciones básicas acerca de las tareas escolares

Respecto a lo anterior, es muy importante considerar no sólo cuáles son las ideas que tenemos ante las tareas y el contenido escolar, sino también cuáles son nuestras habilidades y conocimientos para realizarlos satisfactoriamente, es decir, nuestro autoconcepto también influye en las posibilidades de logro de las tareas escolares.

En el área académica siempre encontraremos actividades o tareas que tengan un valor específico para nosotros, o que sean interesantes, aburridas, agradables o cansadas, de utilidad o no para lo que queremos alcanzar en un futuro, o que nos parezcan fáciles o difíciles.

De igual forma, podremos considerar que algunas tareas pueden ser difíciles y/o aburridas para nosotros en este momento y, aunque no le otorguemos un valor importante en el presente, si reflexionamos a futuro podrán ser de gran importancia y utilidad, ya que incluso nos permitirán entender y realizar otras actividades o comprender alguna asignatura. Por ejemplo, si en clase de historia tengo que investigar el origen de la Primera Guerra Mundial pero no encuen-

---

[4] http//galeon.hispavista.com/aprenderaaprender/intemocional/inventor.htm. Enero de 2003.

tro una aplicación futura de esta tarea, además de considerar mi poco gusto de este tema, haré suposiciones de lo difícil y cansado que me resulta realizar tal actividad; por el contrario, si considero que a pesar de que no me agrada mucho el tema tendrá algún beneficio para mi formación, además de estimar lo importante que es entender mi pasado para comprender el presente y visualizar el futuro, daría un valor a dicha tarea, que me permitirá contar con los conocimientos previos para seguir cursos posteriores. Lo mismo sucede en matemáticas: si me asignan una tarea referente a las ecuaciones pero como pienso que será difícil su solución, probablemente desarrollaré esta actividad con desgano, o retrasaré realizarla, así, mi posibilidad de terminarla con éxito también se retrasará o no llegará.

Es importante reflexionar acerca de cuál es la forma de enfrentar las tareas o actividades académicas, cuál es el valor que das a cada una de ellas, por qué algunas podrán parecerte más fáciles que otras, por qué algunas son más interesantes y otras más aburridas, y qué utilidad otorgas tanto a cada una de ellas como a tus asignaturas en general.

Estos planteamientos se relacionan con los objetivos y las metas que nos proponemos día a día, por ende, es momento de detenerte y que tengas en cuenta qué valor tienen tus asignaturas y las actividades que realizas en ellas para tu futuro. Considera cada una de ellas y asígnales un valor de 1 a 10, donde 1 significa que no tiene ningún valor para ti, no es interesante, no te agrada en absoluto y que no tienes habilidad o conocimiento para realizarla, mientras que 10 significa que es sumamente valiosa para tu futuro, te es interesante, te gusta mucho y tienes conocimiento o habilidad para realizarla. Más adelante las retomaremos para considerar y planear mejor tus metas, por el momento, sólo comienza a reflexionar en su valor en términos de utilidad, interés, agrado y conocimiento o habilidad para llevarla a cabo.

Cuadro 5

Asignatura o actividad	Utilidad	Interés	Gusto	Conocimiento o habilidad
1.				
2.				
3.				
4.				
5.				
6.				
7.				
8.				
9.				
10.				

Las ideas y suposiciones que tengas respecto a las actividades y contenidos académicos es también determinante para tu motivación hacia éstos; por ejemplo, si crees que las lecturas que te dejan en alguna materia son aburridas y no les encuentras un valor práctico, entonces, aunque te consideres buen lector, no tendrás la motivación suficiente para realizarlas y comprender lo que lees. Lo mismo sucede cuando en cierta tarea que implica el manejo de números (matemáticas, álgebra o estadística), aun cuando consideres que es importante aprender el procedimiento porque tiene una utilidad práctica y te parece interesante pero no te ha ido muy bien en las materias de este tipo, en las cuales requieres la habilidad numérica, probablemente te sentirás desmotivado e incluso pensarás que no resolverás tal tarea. Esto último se relaciona con el autoconcepto y las valoraciones que hacemos de nosotros. Como vimos en el capítulo anterior, la manera como te percibas en relación con tus conocimientos y habilidades influye en la forma de vincularte con el contenido por aprender y con la motivación para llevar a cabo las tareas asignadas.

Recuerda que aunque las actividades parecen difíciles y nos percatamos de no tener mucha habilidad o conocimiento para realizarlas, no todo está perdido; podemos desarrollar nuestras habilidades y considerar qué elementos nos hacen falta para entender lo que me ha costado trabajo y hacer lo que deba hacerse para adquirir los aprendizajes necesarios y conseguir mis metas y logros académicos.

Nuestras creencias de control y autoeficacia para conseguir el aprendizaje en nuestras asignaturas y en todo lo que hagamos reflejan el esfuerzo que estamos dispuestos a hacer y lo capaces que nos sentimos de lograrlo. Si tenemos en cuenta nuestros conocimientos y nuestras habilidades y nos sentimos motivados para desarrollarlos y lograrlos, de seguro tendremos éxito en *todo* lo que nos propongamos. Por tanto, cada vez que te enfrentes a una tarea toma en cuenta que tiene un valor práctico; si no lo visualizas, acércate a tus profesores para hablar al respecto y pídeles que te expliquen con ejemplos cotidianos la utilidad de la tarea, del tema y de la asignatura. Esto te hará ser participativo y sentirte interesado, con la posibilidad de adquirir más conocimientos y hacer las actividades con gusto; en pocas palabras, te senti-rás *motivado* para el aprendizaje.

El éxito

Seguramente te habrás dado cuenta de que la motivación por sí sola no te asegurará el éxito en lo que emprendas, pues también debe existir un nivel mínimo de habilidades y conocimientos sobre los cuales puedes trabajar. Pero si posees una cantidad más o menos razonable de la habilidad y conocimientos, tus posibilidades de éxito aumentarán considerablemente por medio de gran motivación. Al contrario, si tienes mucha habilidad y conocimiento pero escasa motivación, con toda probabilidad no lograrás tu meta.

Así, no sólo los conocimientos que aprendemos y las habilidades que desarrollamos nos permiten lograr éxito en lo escolar; ya hemos mencionado que uno de los determinantes más significativos del éxito o el fracaso escolar es la motivación, por ello en cuestiones académicas existe un elemento que facilita nuestro aprendizaje: la *voluntad*.

Realizar las actividades académicas voluntariamente, sin presión externa (por ejemplo: de nuestros padres o por conseguir un reconocimiento de otros o evitar un castigo), nos permitirá una motivación intrínseca, en la que los factores personales, nuestros intereses y necesidades se dirigirán al logro de mejores resultados en el aprendizaje. Pero ¿cómo conseguir esta motivación intrínseca que me lleve a tener éxito en mis actividades académicas? Los planteamientos siguientes te ayudarán a conocer más acerca de tu nivel de motivación escolar:

⇨ ¿Has hecho algún plan más o menos definitivo para tu futuro? En otras palabras, ¿qué piensas estudiar y qué hacer después de terminar tu carrera? Diversas investigaciones han demostrado que los estudiantes con planes definitivos acerca de su carrera y trabajo estudian más, obtienen mejores calificaciones y persisten más en la escuela que quienes no han decidido su futuro. Si perteneces a este último grupo, sería conveniente que explores tus intereses y aptitudes y que acudas con un especialista (orientador educativo) para recibir asesoría; incluso es posible que te apliquen una serie de pruebas con el fin de precisar cuáles son tus intereses, habilidades y características de personalidad para ofrecerte algunas alternativas profesionales. No es necesario que apenas vayas a decidir tu futuro, ni que aún estés estudiando alguna carrera ni que tengas dudas sobre tu futuro. Más bien, es importante que te orienten al respecto, de manera que no pierdas la oportunidad de tomar una decisión adecuada, recuerda: es *tu futuro*.

⇨ ¿Cuentas con la suficiente voluntad y compromiso para asumir tu responsabilidad académica? Mediante investigaciones hemos observado que las calificaciones adquiridas están relacionadas directamente con el nivel de compromiso y voluntad para el estudio; los estudiantes que cuentan con un nivel alto en estos puntos suelen obtener buenas calificaciones, pues están dispuestos a sacrificar las necesidades y placeres inmediatos y a trabajar para lograr sus metas y compensaciones futuras, a diferencia de quienes están más interesados en la satisfacción de sus necesidades y placeres diarios, por lo cual les es difícil disciplinarse al tiempo de estudio requerido para tener éxito. Sin embargo, para comprometerte con tus planes y organizar el tiempo que te llevará realizar tus actividades, además de la motivación, debes considerar que el tiempo es un único recurso no renovable; si no te comprometes y llevas a cabo tus tareas y actividades en los tiempos precisos, después será demasiado tarde. La decisión de hacer diferentes las cosas, de ser mejor y de responsabilizarte de tu aprendizaje debes tomarla *ahora*, lo cual te hará sentirte bien y cada vez que alcances alguno de tus objetivos te darás cuenta de que ha valido la pena el compromiso.

Reflexiona acerca de cuáles son los éxitos académicos y profesionales que te gustaría lograr en un futuro próximo, en un futuro mediato y en un plazo largo; trata de pensar y ver qué harás en los tiempos siguientes, sé *realista* y considera lo que probablemente hagas. Es importante que lo que lleves a cabo sea porque te lo propusiste, porque es algo que quieres lograr y porque te sentirás satisfecho pese a las dificultades por enfrentar o a los esfuerzos que debas realizar:

🕐 *A corto plazo (en un mes) mis objetivos son:*

1. _____
2. _____
3. _____
4. _____
5. _____

🕐 *A mediano plazo (en seis meses o en un año) mis objetivos son:*

1. _____
2. _____
3. _____
4. _____
5. _____

🕐 *A largo plazo (de dos a cinco años) mis objetivos son:*

1. _____
2. _____
3. _____
4. _____
5. _____

Plantearte objetivos realistas y tener claro lo que quieres alcanzar te servirá para sentirte motivado y guiar tus actividades para tener éxito, más adelante examinaremos cuáles serán esas actividades que debes realizar para lograr estos objetivos; por lo pronto, no lo dudes más: comienza a ver tu futuro, constrúyelo y camina hacia él. Es muy probable que tengas algunas dificultades, pero no te des por vencido, sino mantente motivado, con la idea de que lograrás lo que te has propuesto porque así será. Sólo nosotros nos ponemos obstáculos en el camino y, afortunadamente, tenemos el control, la fuerza y la determinación de quitarlos.

Te sugerimos que leas con atención la lectura siguiente y que reflexiones en cuáles son los obstáculos que te has puesto en tu camino; al darte cuenta de ellos, de seguro los quitarás.

Obstáculos

Voy andando por un sendero.
Dejo que mis pies me lleven.
Mis ojos se posan en los árboles, en los pájaros, en las piedras.
En el horizonte se recorta la silueta de una ciudad.
Agudizo la mirada para distinguirla bien. Siento que la ciudad me atrae.
Sin saber cómo, me doy cuenta de que en esta ciudad
puedo encontrar todo lo que deseo.
Todas mis metas, mis objetivos y mis logros.
Mis ambiciones y mis sueños están en esa ciudad.
Lo que quiero conseguir, lo que necesito, lo que más me gustaría ser, aquello a lo cual aspiro, lo que intento, por lo que trabajo, lo que siempre ambicioné, aquello que sería el mayor de mis éxitos.
Me imagino que todo eso está en esa ciudad.
Sin dudar, empiezo a caminar hacia ella.
A poco de andar, el sendero se hace cuesta arriba.
Me canso un poco, pero no importa.
Sigo.
Diviso una sombra negra, más adelante, en el camino.

Al acercarme, veo que una enorme zanja impide mi paso.
Temo... dudo.
Me enoja que mi meta no pueda conseguirse fácilmente.
De todas maneras, decido saltar la zanja.
Retrocedo, tomo impulso y salto...
Consigo pasarla.
Me repongo y sigo caminando.
Unos metros más adelante aparece otra zanja.
Vuelvo a tomar carrera y también la salto.
Corro hacia la ciudad, el camino parece despejado.
Me sorprende un abismo que detiene mi camino.
Me detengo.
Imposible saltarlo.
Veo que a un costado hay maderas, clavos y herramientas.
Me doy cuenta de que están allí para construir un puente.
Nunca he sido hábil con las manos.
...Pienso en renunciar.
Miro la meta que deseo... y resisto.
Empiezo a construir el puente.
Pasan horas, o días, o meses.
El puente está hecho.
Emocionado, lo cruzo.
Y al llegar al otro lado... descubro el muro.
Un gigantesco muro frío y húmedo rodea la ciudad
de mis sueños...
Me siento abatido...
Busco la manera de esquivarlo.
No hay caso.
Debo escalarlo.
La ciudad está tan cerca...
No dejaré que el muro impida mi paso.
Me propongo trepar.
Descanso unos minutos y tomo aire.
De pronto veo, a un costado del camino, un niño que
me mira como si me conociera.
Me sonríe con complicidad.

Me recuerda a mí mismo... cuando era niño.
Quizá por eso, me animo a expresar en voz alta mi queja:
—*¿Por qué tantos obstáculos entre mi objetivo y yo?*
El niño se encoge de hombros y me contesta:
—*¿Por qué me lo preguntas a mí?*
Los obstáculos no estaban antes de que tú llegaras...
Los obstáculos los trajiste tú.

JORGE BUCAY[5]

El control

Una vez que tienes claro qué deseas en tu vida y te propones objetivos realistas, te aseguramos que tienes más de la mitad del camino logrado, lo único que falta es que camines en él, que no pierdas nunca de vista los logros que quieres alcanzar, lo cual te permitirá controlar las dificultades que puedan presentarse.

Sin embargo, debes considerar que muchas veces podemos darnos cuenta de que lo elegido en un principio como uno de nuestros objetivos tendrá algunos cambios; esto es común que suceda, pues en el transcurso de nuestra vida vamos aprendiendo nuevas cosas y podemos considerar que nuestro objetivo deberá ajustarse a lo que ahora sabemos, que si hacemos algunas modificaciones nuestro objetivo se enriquecerá y nos permitirá tener éxitos más significativos. No te preocupes ni dejes que disminuya tu motivación; un dicho popular dice: "es de sabios cambiar de opinión"; así que puedes hacerlo, *siempre que te dirijas hacia un mejoramiento* y no evadas alguna dificultad por temor a fracasar. Deja a un lado el temor, ten confianza en ti mismo, en que

---

5 Bucay, J. (2000), *Cuentos para pensar*, 1a. ed., México: Océano.

puedes enfrentar los retos y las adversidades y que puedes aprender nuevos conocimientos, fortalecer los que tienes y poner en marcha tus habilidades. Por tanto, revisa periódicamente tus objetivos y metas académicas, reflexiona qué tan realistas son, qué necesitas para conseguirlos y, en caso necesario, modifícalos, de manera que, aun paso a paso, puedas alcanzarlos.

Antes de continuar es conveniente hacer algunas precisiones; por una parte, en relación con el establecimiento de metas u objetivos académicos, es importante que consideres tus gustos en cuanto a las asignaturas y actividades por realizar, el valor práctico que les otorgas, lo interesante que son para ti y los conocimientos y/o habilidades que tienes para llevarlos a cabo; recuerda el cuadro anterior respecto a estos puntos y asócialo con los objetivos que quieres alcanzar. Otro elemento para plantear tus objetivos o metas es que deben ser realistas, es decir, dependen de ti y es posible alcanzarlos; si te planteas alguna meta que requiera un esfuerzo extraordinario y que difícilmente podrás hacer, será muy probable que lo abandones. Por ende es mejor ir paso a paso, considerando plantearte pequeños desafíos pero que no impliquen la posibilidad de no superarlos, o que sean tan fáciles que de igual manera pierdas tu motivación para hacerlos; por ejemplo, si no he sido muy bueno para el inglés y en el primer examen de mi curso repruebo, si establezco como objetivo aprender el idioma y obtener un 10 en el próximo examen, será difícil que consiga esta calificación, pues me faltan conocimientos básicos para dar un salto tan grande de 5 a 10 de calificación; sin embargo, podría proponerme obtener un 6 o 7 en el examen siguiente y después alcanzar un 8 o 9 y así hasta lograr el 10. Esto tendrá como desafío que deberé dedicar más tiempo *efectivo* a estudiar, plantear mis dudas, realizar mis tareas y hacer ejercicios para aumentar mi calificación, pero *sobre todo para aprender* el idioma, aunque sea poco a poco. Si realizo estas actividades y me mantengo con el interés de aprender, seguramente al finalizar el curso lograré una buena calificación.

Si te das cuenta, en este objetivo que me planteo tengo claras también cuáles serán mis actividades para alcanzarlo, por lo que también requiero un *control* para ello. ¿Qué implica este *control*? Por un lado, la *iniciativa* de querer alcanzar algo (un conocimiento, un aprendizaje o desarrollar una habilidad); asimismo, requiero una *actitud voluntaria y autónoma*, es decir, debo tomar mis decisiones y no dejarme llevar por presiones de otros, aunque tenga que sacrificar algunas recompensas inmediatas, por ejemplo: si sé que debo estudiar para el examen del día siguiente y me invitan a ir al cine, tendré que considerar cuáles serían las consecuencias de posponer mi estudio: es probable que deba desvelarme o que no termine y esto me restará puntos y la posibilidad de aprender. También debo tomar en cuenta que podré ir otro día al cine o sugerir a quien me hace la invitación ir en otra oportunidad, es decir, debo poner en una balanza qué es lo más conveniente por hacer, sin olvidar mis objetivos y tomar la decisión que me lleve a lograrlos. Otro aspecto de este control es la *tenacidad y la perseverancia*; al respecto, Aduna y Márquez (1987)[6] señalan que la tenacidad como conducta alude a la rapidez y la seguridad para

---

6 Aduna, M. y Márquez, S. (1987). *Curso de hábitos de estudio y autocontrol*, México: Trillas.

tomar decisiones, dejando a un lado las indecisiones, mientras que la perseverancia implica "la energía constante por un periodo prolongado, sin considerar qué dificultades y obstáculos hayan para lograr lo deseado" (p. 52). Como observas, establecer objetivos permitirá tener claro qué queremos, por lo que podremos tomar las decisiones convenientes en los momentos precisos para conseguir lo que queremos, siempre estimando que podremos superar las dificultades y los obstáculos que sucedan.

Antes de analizar el apartado siguiente, reflexionaremos aquí acerca de los objetivos académicos que te planteaste hace un momento, piensa qué actividades debes realizar y cuáles serían las dificultades que ocurrirían y cómo afrontarlas, es decir, qué hacer para superarlas. Elige sólo uno de los objetivos más importantes para ti y decide sobre las actividades que debes realizar para alcanzarlo, cuáles serían las dificultades que se te presenten y qué alternativas tendrías para que no influyan en el logro de tus objetivos.

🕐 *A corto plazo (en un mes), mi objetivo es:*

1. _____

✍ *¿Qué actividades debo realizar para lograrlo?*

1. _____

2. _____

3. _____

💣 *¿Cuáles serían las dificultades o los obstáculos para llevarlas a cabo?*

1. _____

2. _____

3. _____

Y *¿Qué podrás hacer para superar estas dificultades u obstáculos?*

1. _____

2. _____

3. _____

🕐 *A mediano plazo (en seis meses o en un año) mis objetivos son:*

1. _____

✍ *¿Qué actividades debo realizar para lograrlo?*

1. _____

2. _____

3. _____

💣 *¿Cuáles serían las dificultades o los obstáculos para llevarlas a cabo?*

1. _____

2. _____

3. _____

Y *¿Qué harás para superar estas dificultades u obstáculos?*

1. _____

2. _____

3. _____

🕐 *A largo plazo (de dos a cinco años), mis objetivos son:*

1. _____

✍ *¿Qué actividades debo realizar para lograrlo?*

1. _____

2. _____

3. _____

💣 *¿Cuáles serían las dificultades o los obstáculos para llevarlas a cabo?*

1. _____

2. _____

3. _____

🍸 *¿Qué harás para superar estas dificultades u obstáculos?*

1. _____

2. _____

3. _____

Tener claros tus objetivos y metas te permitirá realizar las actividades convenientes para lograrlos, además de hacer los ajustes necesarios en caso de tener que modificarlos y considerar cuáles serían los obstáculos por vencer. Mantente *motivado* y seguro de que tendrás éxito.

Conducta dirigida a metas

Hasta ahora ha quedado clara la importancia de tener objetivos claros y realistas para guiar nuestras actividades con el fin de conseguirlos, tomando en cuenta que puede haber algunas dificultades, pero también confiando en nosotros para superarlas y manteniéndonos motivados hasta lograr lo que queremos.

En relación con el aprendizaje, es muy importante aclarar algunos puntos que nos permitan dirigirnos hacia el logro de éxitos académicos; considera que es tu futuro, que ahora inviertes tiempo y esfuerzo para construir lo que quieres ser y hacer en algunos años más; por tanto, debes incrementar y mantener tu motivación escolar. Algunos autores[7] determinan que los pasos siguientes han permitido a otros estudiantes mantener su motivación y alcanzar sus metas, los cuales compartimos contigo.

---

7 Cuadernillo "Guía de estudio efectivo".

1. Piensa por qué vas a la escuela y trata de formular razonamientos realistas y con sentido para pasar varios años de tu vida en el cumplimiento de las actividades escolares. Tus razones deben ser lo suficientemente poderosas para justificar el tiempo dedicado a escuchar conferencias, leer libros de texto, escribir informes y hacer pruebas; tus razones también deben ser válidas en lo personal, ya que tú desempeñarás el trabajo.

¿Cuáles son las razones que tienes para asistir a la escuela?

_____

_____

_____

_____

2. Piensa en lo que te gustaría hacer después de salir de la escuela y trata de plantearte razones realistas y convincentes acerca de tus metas de trabajo que sean apropiadas a tus intereses y habilidades. Si tienes planes de trabajo razonables, recuerda que tu interés por las clases aumentará especialmente en aquéllas más relacionadas con tu preparación vocacional; si aún tienes dudas, tal vez un orientador es la persona indicada para ayudarte a explorar el mundo del trabajo y evaluar tus intereses de ocupación, así como tus capacidades.

¿Qué te gustaría hacer después de terminar tus estudios?

_____

_____

_____

_____

¿Cuáles son tus habilidades y conocimientos para hacer lo que quieres?

_____

_____

_____

_____

¿Qué debes aprender o cuáles son las habilidades que debes desarrollar para hacer lo que te has propuesto?

_____

_____

_____

_____ .

3. Trata de relacionar las actividades y tareas de tus clases con tus planes de trabajo futuro. Es posible que con frecuencia te resulte difícil hacer esto, pero siempre debes relacionar tu trabajo académico actual con tu orientación futura; asimismo, debes aprender todo lo que puedas acerca de lo que te interesa hacer en el futuro.

¿Cuáles son las actividades y las asignaturas relacionadas con lo que quieres hacer en un futuro?, ¿por qué se relacionan con lo que quieres hacer?

_____

_____

_____

_____ .

4. Trata de relacionarte con otros estudiantes que coincidan contigo en intereses educacionales y vocacionales; platicar con ellos y discutir tus actividades es una forma excelente de aclarar y reforzar tus objetivos.

¿Quiénes de tus compañeros coinciden contigo en tus intereses a futuro?; si aún no los identificas, platica con ellos y pregúntales. Es probable que les enseñes el camino para que ellos también logren sus intereses (escribe en las líneas con quiénes platicarías y qué les preguntarías).

_____

_____

_____

_____ .

5. Tata de adquirir experiencia en actividades relacionadas estrechamente con la ocupación o vocación elegida; por ejemplo, si quieres ser médico, intenta conseguir un trabajo de pocas horas o du-

rante las vacaciones en un hospital. Esa experiencia de trabajo te ayudará a entender mejor tu meta profesional, porque comprenderás mejor los entrenamientos que se requieren, las condiciones de trabajo y los deberes vinculados con la ocupación de que se trate.

¿Cuáles serían las actividades o los trabajos que harías para adquirir experiencia respecto a lo que quieres hacer en tu futuro?

_____

_____

_____

_____ .

6. Fíjate metas ocupacionales a corto plazo; al principio de cada semestre (o año) determina la calificación que quieres obtener en cada materia, y luego establece aquella que necesitas obtener en la primera evaluación para asegurar que lograrás la meta propuesta. Una vez que hayas hecho tu primer examen y tengas los resultados, determina la calificación que necesitas para la segunda evaluación. Haz esto para cada materia durante el semestre (o año) y verás que te ayudará a encaminar tus necesidades de estudio de manera más exacta.

Cuadro 6

Materia	Calificación final deseada	Calificación requerida en la primera evaluación o examen	Calificación requerida en la segunda evaluación o examen	Calificación requerida en la tercera evaluación o examen	Calificación final obtenida
1.					
2.					
3.					
4.					
5.					

7. Lleva un récord visual de cada materia y colócalo en un lugar visible. Para hacer esto, muchos estudiantes marcan en una gráfica las calificaciones esperadas y trazan otra línea para las calificaciones obtenidas en cada calificación. Por medio de este récord visual lograrás tres propósitos: *a)* sirve como recordatorio de tu progreso académico; *b)* hace que tu estudio se vea más provechoso, y *c)* identifica aquellas materias en las que necesitas trabajar más arduamente.

Calificación:					
10					
9					
8					
7					
6					
5					
Materia: _____	Primera evaluación o examen	Segunda evaluación o examen	Tercera evaluación o examen	Cuarta evaluación o examen	Evaluación o examen final

Calificación deseada: _____   Calificación obtenida: _____

8. Haz un esfuerzo verdadero para mejorar tu eficiencia en el estudio. Hemos observado que quienes han recibido instrucción para mejorar sus hábitos y estrategias de estudio han mejorado su promedio de calificaciones; además, que casi siempre emplean menos tiempo en el estudio que aquellos cuyas estrategias y hábitos son deficientes. El estudio es como cualquier otra habilidad: es más fácil y satisfactorio cuando conocemos "los trucos del oficio".

Reflexiona acerca de cuáles son los hábitos y las estrategias de estudio que te facilitarán alcanzar logros académicos:

_____

_____

_____

_____ .

Reflexiona en cuáles hábitos y estrategias de estudio debes trabajar para mejorarlos y alcanzar tus logros académicos:

_____

_____

_____

_____.

Estos ocho pasos te permitirán aclarar qué quieres estudiar, hacia dónde te diriges y por qué. Precisar tus metas y lo que debes hacer para alcanzarlas es una forma útil de lograr lo que te propones; por ende, a continuación te invitamos a que establezcas por lo menos una meta referente a tu futuro académico o vocacional y que realices el ejercicio siguiente.

Establecer mi meta

En ocasiones es común encontrar una situación que parece nunca terminar o resolverse porque en realidad no sabemos qué queremos. Si antes de empezar algo nos detenemos a establecer claramente qué queremos y si planeamos cada actividad que nos permita alcanzar esa meta, será más fácil y efectivo nuestro camino.

A continuación establece alguna meta en tu vida relacionada con el ámbito escolar o profesional (posteriormente podrás plantearla respecto a algún suceso de tu vida personal, familiar o social siguiendo el mismo procedimiento) y escríbela en la línea. Después analiza y plantea cuáles deberán ser las actividades que has de realizar para alcanzarla. Utiliza cada escalón para complementar tu pirámide, comienza desde las más inmediatas en la base y considera cuáles le seguirían hasta llegar a la cúspide o meta.

Mi meta es:

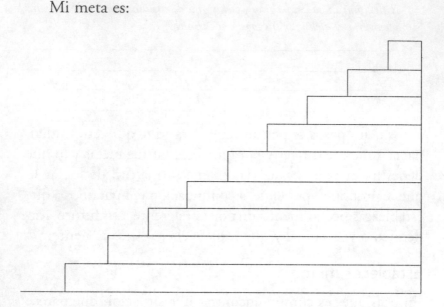

Es posible que requieras más actividades para conseguirla, o que de cada actividad consideres otras para su cumplimiento; sin embargo; puedes notar que cuando tienes claro qué quieres y qué pasos debes seguir para alcanzarlo, seguramente que lo harás. Esto implica que tu conducta se dirigirá hacia la meta programada.

Conclusión

Como una forma de resumir lo importante que es la motivación para el aprendizaje, te presentamos los elementos que Craig y Woolfolk (1998)[8] establecen. Aquí tomamos en

---

[8] Craig, G. y Woolfolk, A. (1998). *Psicología y desarrollo educativo*, México: Prentice Hall.

cuenta la fuente de motivación, el tipo de meta establecida, la participación, la motivación de logro, las atribuciones y las creencias acerca de las capacidades.

Cuadro 7

Elementos:	Características óptimas de la motivación para aprender	Características que disminuyen la motivación para aprender
Fuente de motivación	*Intrínseca*: factores personales, como necesidades, intereses, curiosidad y deleite	*Extrínseca*: factores del entorno, como recompensas, presión social y castigo
Tipo de meta establecida	*Meta de aprendizaje*: satisfacción personal en la superación de desafíos y mejoramiento; tendencias a seleccionar metas moderadamente desafiantes	*Meta de desempeño*: deseo de aprobación del desempeño según otras personas; tendencia a seleccionar muy fáciles o bastante difíciles
Tipo de participación	*Preocupación por las tareas*: interés en el dominio de la tarea	*Con ego*: interés en el yo desde la perspectiva de otras personas
Motivación de logro	Motivación de logro: orientada al dominio	Motivación *para evitar el fracaso*; tendencia a la ansiedad.
Atribuciones posibles	Éxitos y fracasos atribuidos al esfuerzo y capacidad *controlables*	Éxitos y fracasos atribuidos al esfuerzo y la capacidad no controlables
Creencias acerca de la capacidad	Perspectiva incremental: creencia de que la capacidad puede aumentar en el trabajo arduo y	Perspectiva de la entidad: creencia de que la capacidad es una cualidad estable que no es posible controlar

Como verás, es preferible mantener una *fuente de motivación intrínseca*, pues ésta se relaciona verdaderamente con lo que quieres lograr, con tus necesidades, tus intereses y tus curiosidades; si logras tener una motivación intrínseca para los contenidos académicos, seguramente el hecho de saber y conocer más te mantendrá motivado, lo que a su vez repercutirá en un desempeño adecuado en el ámbito escolar.

Lo anterior esta relacionado con el tipo de *meta establecida*, ya que si ésta es dirigida al *aprendizaje* más que a la aprobación por tu desempeño, de seguro te mantendrás motivado por mucho más tiempo, pues la satisfacción de lograr un aprendizaje te guiará para lograr otros; el resultado de tu desempeño vendrá por sí solo y con ello la aprobación de los demás. En cambio, si centras más tu interés en esta aprobación, fincarás tu desarrollo en bases endebles, debido a que tu aprendizaje puede no ser el adecuado para comprender nuevos contenidos, pues por estar más preocupado por tu desempeño, es posible que le restes importancia al aprendizaje significativo.

De igual forma, la *participación* que mantengas en tu proceso de aprendizaje te permitirá considerar el *dominio de las tareas*, más que hacerlas de acuerdo con las expectativas de otras personas. Proponte como meta realmente aprender y comprender la información que adquieres; hazlo por ti y considera que a la larga te traerá mayores beneficios el dominio de las actividades y contenidos.

Dirige tu *motivación hacia el logro*, reflexiona y concéntrate en el dominio de las actividades y conocimientos, no pienses ni le temas al fracaso; ten en cuenta que probablemente requieras más tiempo para lograr algunos conocimientos o el manejo de ciertos procedimientos, pero no los veas como fracasos sino como oportunidades para llegar a tus metas, ni te pongas obstáculos. Considera que es posible alcanzar el éxito en todo lo que te propongas; por tanto, camina hacia él sólo necesitas tener claro qué quieres y qué necesitas para lograrlo.

Recuerda que las *atribuciones* dirigidas al esfuerzo y la capacidad son *controlables*; tú tienes el control y la posibilidad de desarrollar y fortalecer tus capacidades para lograr el éxito. En programación neurolingüística hay una frase que te ayudará a alcanzar lo que quieres; sólo te pedimos que la digas con la convicción de que así será: "Sí puedo, es fácil y voy a lograrlo". Te recomendamos que la digas en tu interior y en voz alta cuando creas que las cosas pueden ser un poco o muy difíciles. Esto te programará para dirigirte hacia lo que quieres lograr, convencido de que vas a hacerlo. Recuerda: tú tienes el control.

Finalmente, en relación con las *creencias acerca de las capacidades*, recuerda que éstas *pueden aumentar y fortalecerse*; sin embargo, considera que deberás trabajar en ello, pues sólo así lograrás mayores conocimientos y aptitudes. Mantente activo y con una actitud positiva, lo cual te garantizará alcanzar lo que quieres.

Ahora que ya sabes cuáles son tus características que te ayudarán a lograr el éxito y una vez que hemos reconocido la importancia de la motivación y la posibilidad de incrementar nuestros conocimientos y habilidades, te invitamos a que leas el capítulo 3 y realices los ejercicios que te presentamos, lo cual te permitirá fortalecer tus habilidades, desde las más básicas (como la atención) hasta las más avanzadas (como la conceptualización). Si vas paso a paso, te darás cuenta de que será fácil y divertido.

capítulo 3

Habilidades de pensamiento: ¿gimnasia mental?

A menudo observamos con admiración a los grandes deportistas (como Ronaldo y Ana Guevara), o a científicos destacados (como Mario Molina, Premio Nobel de Química), o escritores (como Mario Benedeti o Carlos Fuentes), o a músicos (como Carlos Santana). Tal vez algunas veces nos hemos preguntado ¿cómo pueden alcanzar esos niveles de inteligencia y aptitud? La mayoría de las veces, al responder a esta pregunta atribuimos dicha genialidad al factor hereditario o genético. ¿Será realmente cierto esto?, ¿sólo los que nacen predetestinados pueden alcanzar el éxito?, ¿no hay nada más que hacer que recibir la carga genética? Leamos el relato siguiente que nos permitirá responder a esta pregunta:

...Cualquier atleta sabe que hace falta más que habilidad y talento para destacar en un deporte. Imaginen a dos patinadoras talentosas con una habilidad natural parecida: ambas son esperanzas olímpicas. Una de ellas hace los

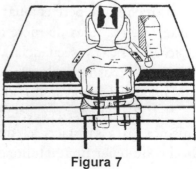

Figura 7

ejercicios necesarios y practica las rutinas coreografiadas hasta dominarlas bien; en cambio la otra tiende a llevar sus habilidades hasta el límite. En su ambición por lograr un desempeño más creativo, constantemente busca movimientos más innovadores para embellecer su rutina. Su predisposición a correr riesgos la impulsa a crear una nueva combinación de maniobras, que se convierte en su sello. El celo por probar los límites de la tradición establecida de una forma especulativa, alegre y divertida la lleva a experimentar combinaciones musicales, climas y movimientos inusuales. Podríamos decir que esta patinadora tiene predisposición a la originalidad y que está abierta a la exploración y a correr riesgos divertidos. Al mismo tiempo, muestra disponibilidad a ser cuidadosa y analítica respecto a su ejecución técnica, mediante el continuo monitoreo de su desempeño. Su deseo de mejorar la lleva a perseverar y fijarse objetivos de progreso...

¿Quién crees que será la campeona olímpica?

_____.

De lo que acabas de leer, ¿qué te permite sustentar esta afirmación?

_____

_____

_____.

Si respondiste que la segunda patinadora tendrá mayor probabilidad de ser campeona, estás en lo correcto. Ella no sólo se entrena para perfeccionar sus rutinas, sino también se esfuerza en la tarea de incrementar sus inteligencias (kinestésica, musical y secuencial), en la medida que traza una ruta paso a paso para lograr su meta última. ¿Qué podemos aprender de este pequeño relato?

Las habilidades y el talento natural no alcanzan por sí mismos para satisfacer el desempeño humano. El simple hecho de tener una habilidad no garantiza que uno vaya a usarla, ni que vaya a utilizarla bien. En el ejemplo anterior, ambas patinadoras tienen una habilidad natural semejante, pero la segunda mejora esa habilidad cuando es empleada con mayor efectividad. ¿Qué tiene de especial esa segunda patinadora? Las características distintivas son su predisposición a desafiarse a sí misma, a buscar abiertamente nuevos caminos, a correr riesgos, a ser crítica y a esforzarse por mejorar. Estas características dicen poco acerca de su habilidad, pero mucho sobre la forma de afrontar su tarea.

Como vimos en el capítulo 2, las predisposiciones representan la tendencia que tiene una persona a usar sus habilidades de manera peculiar. El desempeño humano abarca las habilidades más las predisposiciones para alcanzar las metas que establecemos.

Al igual que la habilidad de la patinadora, el pensamiento es un esfuerzo humano que incluye las habilidades y las predisposiciones. Sabemos que las habilidades cognitivas desempeñan un papel importante en el pensamiento; sin embargo, una vez más, el simple hecho de tener la habilidad para pensar no implica que uno vaya a hacerlo bien, o siquiera que vaya a hacerlo mucho.

> ...Lo que distingue al buen pensador del pensador promedio no es simplemente su aptitud cognitiva superior. Los buenos pensadores se distinguen porque usan sus poderes intelectuales naturales de maneras productivas e inquisidoras. Los buenos pensadores pueden caracterizarse por su predisposición al pensamiento y por su tendencia constante a explorar, inquirir y profundizar en nuevas áreas, a buscar la claridad, a pensar crítica y cuidadosamente, a ser organizados en su pensamiento...[9]

---

[9] Bou Fly, *Un aula para pensar*.

Todos podemos desarrollar nuestra capacidad intelectual, en la medida en que contemos con una predisposición a mejorar nuestra manera de pensar y que, al mismo tiempo, nos comprometamos en un programa de entrenamiento progresivo, con metas bien definidas de modo constante.

En este capítulo iniciaremos tu entrenamiento para desarrollar tus capacidades intelectuales, con el fin de que puedas incrementarlas al máximo. ¿Estás dispuesto a comprometerte a probar nuevas maneras de pensar, a aceptar retos intelectuales y a intentar formas nuevas de llevar a cabo retos intelectuales? Si es así, empezaremos juntos esta tarea; para ello, estableceremos la diferencia entre dos tipos de pensamiento: el lineal o llamado también convergente y el lateral o divergente:

1. *Pensamiento lineal o convergente.* Es aquel que utiliza un camino riguroso para llegar a una solución o un conjunto de soluciones definidas, por ejemplo: la solución de un problema matemático. Es secuencial y el orden de las ideas está determinado por la cadena de razonamiento que se establece; cada paso debe justificarse y no es posible incluir ideas equivocadas. El proceso analítico lo dividimos en tres tipos:

a. *Natural.* Es primitivo, tiende a ser dominado por necesidades internas o impulsos; es emocional, usa imágenes concretas y corresponde al pensamiento que realizamos de manera espontánea, sin capacitación ni tácticas.

b. *Lógico.* Es secuencial, está basado en mecanismos selectivos, ocurre en cadenas y su uso implica capacitación.

c. *Matemático*. Es ejecutado con símbolos y reglas y utiliza canales preestablecidos.

2. *Pensamiento lateral o divergente*. Es aquel que opta por varias alternativas, utilizando la imaginación y la fantasía para llegar a resultados diferentes. La información es organizada de modo no convencional y genera arreglos que infringen lo establecido, puede ocurrir por saltos, considera ideas intermedias, falsas irrelevantes o irreales, permite explorar y buscar rutas desconocidas, genera ruptura de patrones convencionales de pensamiento y estimula la creatividad.

Ambos tipos de pensamiento son importantes, cada uno de los cuales permite desarrollar tareas intelectuales específicas, por ejemplo: para hacer tareas de matemáticas, que incluyan mecanizaciones ecuaciones, requiere emplear el pensamiento lineal. Mientras que resolver problemas con gran frecuencia requiere utilizar el pensamiento lateral, visualizar la situación de forma diferente o poco convencional es clave en la resolución de problemas. De acuerdo con esto, la mayoría de los problemas surgen por la manera como percibimos la situación; por tanto, su resolución requiere cambiar la percepción. Veamos el ejemplo siguiente:

Une con tres líneas continuas y juntas los puntos siguientes:

¿Lo lograste?, ¿se te dificultó? Es posible que en un principio consideraras que era imposible, pues al parecer la solución requería utilizar cuatro líneas o tres separadas. Si ésta fue tu primera idea, el tipo de pensamiento que prevaleció fue el lineal; sin embargo, éste no es el único que te permite resolver problemas. Para muchas situaciones, tienes que utilizar tu pensamiento lateral y este problema requiere que cambies tu forma de percibir los elementos, así como usar el pensamiento lateral.

La solución considera la pregunta siguiente: ¿qué figura puedes representar con tres líneas continuas y unidas en un punto? —————————————— ¡Correcto! Es el triángulo, pues es la forma de solucionar el problema:

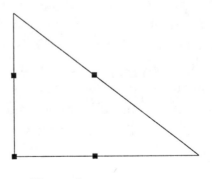

Figura 8

Si te das cuenta, la solución es sencilla cuando comenzamos a usar también nuestro pensamiento lateral, además de que suele ser divertido. Ahora intenta hacer el ejercicio siguiente, para lo cual pon en práctica tu pensamiento lateral; recuerda: es importante cambiar la forma como percibes las cosas. Une con cuatro líneas los puntos siguientes, sin despegar nunca el lápiz durante el trazo, ni pasar dos veces por el mismo punto:

Figura 9

Ahora veamos la manera de resolverlo:

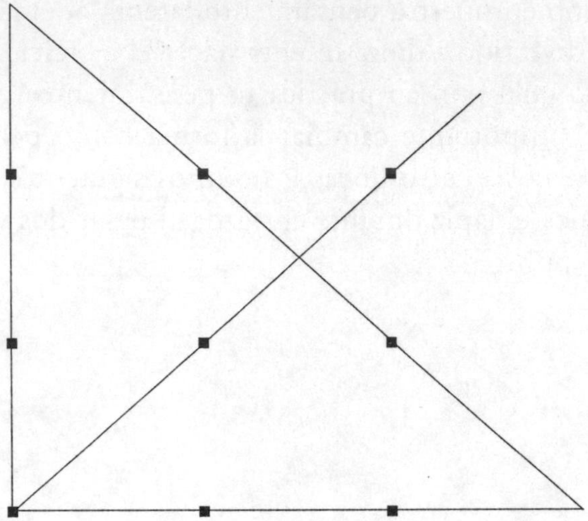

Figura 10

Con seguridad te fue más fácil resolverlo al cambiar la idea de que también se trataba de un cuadro. Otro elemento importante para la solución de problemas es considerar todos los elementos que tenemos presentes y poner mucha atención en las instrucciones. Veamos los siguientes ejercicios de pensamiento lateral: la figura 11 es un pan con forma de herradura con seis pasas. Con sólo dos cortes rectos de cuchillo y sin mover las pasas de su lugar, ¿cómo obtendrías seis pedazos con una pasa cada uno?

Figura 11

Considera que sólo puedes hacer dos cortes rectos, pero no mover las pasas de su lugar; mas la instrucción no dice que alguna pieza (por supuesto, con todo y su pasa correspondiente) no deba moverse. En consecuencia, si primero haces un corte recto horizontal de tal forma que queden tres trozos y dos pasas en cada uno y después acomodas las piezas en fila, podrás hacer el otro corte por la mitad de cada pieza entre cada pasa, y así tendrás seis cortes de pan con una pasa cada uno ... ¡Es fácil!, ¿no crees?

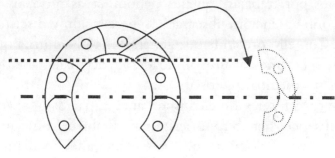

Figura 12

Ahora intenta resolver este problema; para ello dibuja en el cuadro de abajo para representar tu respuesta: es el cumpleaños de Israel, por lo que sus amigos le regalan un pastel redondo, Israel reta a Susy y le dice: "con sólo tres cortes rectos de este largo cuchillo, corta el pastel en ocho partes iguales". Susy encontró la solución; ¿cómo lo logró?

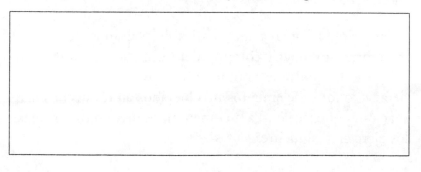

De seguro al poner en práctica tu pensamiento lateral, fue más sencillo encontrar la respuesta al problema. Cuando tratamos de aprender, en la mayoría de los casos es conveniente emplear los dos tipos de pensamiento, entender requiere usar el pensamiento sistemático y las secuencias, mientras que crear o innovar implica utilizar el pensamiento lateral.

Este capítulo tiene el objetivo de proporcionarte elementos mediante la realización de ejercicios que potencien tu capacidad de pensamiento de manera gradual; así, empezaremos por trabajar aquellos denominadas procesos básicos, como: atención, observación, percepción y discriminación. Con ello pretendemos generar una plataforma que te permita incrementar tus habilidades intelectuales, al emplear mejor tus medios cognoscitivos.

Si estás interesado en aumentar tu capacidad para atender, observar, percibir y discriminar, establece como meta a corto plazo el dominio de estas habilidades mediante los ejercicios que te presentamos a continuación, y como meta a largo plazo proponte incrementar tu capacidad intelectual y con ello los beneficios asociados, por ejemplo: disminuir el tiempo dedicado a las tareas académicas e incrementar tu potencial para el aprendizaje y tu autoestima.

Atención

La atención es la capacidad básica de pensamiento, la cual te permite aprender y comprender infinidad de contenidos, así como facilitarte la resolución de problemas, pues considerarás todos los elementos involucrados en los hechos o situaciones que surjan. Para comenzar, te invitamos a realizar los ejercicios siguientes.

Observa la figura 13 y escribe en las líneas de abajo lo que ves:

Figura 13

_____

_____

_____

_____

_____.

Vuelve a mirar la imagen con mayor atención; ¿notas alguna diferencia de la primera vez a la segunda en que observaste la imagen? En realidad hay un error en el texto; la palabra *el* se repite, está escrita en la parte final del tercer renglón y al inicio del cuarto; en realidad el texto dice: "Un pájaro está en el el nido solito". Si te percataste de ello la primera vez, ¡*felicidades*! Tu atención está en un buen nivel. De no ser así, no te preocupes: más de 90% de las personas que observan esta imagen no advierten el error en el texto. ¿Por qué sucede esto?

Tendemos a ver aquello que esperamos y obviamos la información que, aun cuando está presente, contradice o distorsiona nuestra idea prefigurada. En este caso, esperamos ver un texto en el que la misma palabra no se encuentra dos veces y de manera consecutiva.

Por tanto, te invitamos a que observes con interés la información que es importante cuando estás aprendiendo, y que te preguntes si realmente atiendes todos los aspectos y no sólo aquellos que esperas ver.

Observa la figura 14, pon toda tu atención en esta tarea y escribe en las líneas lo que observes.

Figura 14

_____

_____

_____

_____

_____ .

En esta ocasión, tu cerebro está preparado para buscar la información que muestre la incongruencia. Efectivamente, lo que parecen girasoles son figuras de personas.

El primer medio para el procesamiento de información y del cual depende, en gran medida, cómo llevemos a cabo esta tarea es la *atención*; mediante ella, podemos captar con mayor o menor fidelidad la información presentada y, por tanto, realizar un procesamiento adecuado de ésta.

Si bien muchas de las actividades de la vida cotidiana las podemos llevar a cabo sin poner toda nuestra atención en ellas (por ejemplo, llegar a tu escuela aun sin atender cuántas calles hay antes de llegar a ella y sin saber cómo se llaman, o vestirte sin mirar siquiera cómo colocas en tu cuerpo la prenda que has elegido), esto es posible debido a que tienes un nivel de dominio que te permite automatizar estas tareas; sin embargo, esto no funciona de igual forma cuando te enfrentas por primera vez a una situación, por ejemplo: la primera vez que te trasladaste de tu casa a la escuela, seguramente observaste con atención el trayecto, las calles, sus nombres, algunas señales específicas: letreros, colores de las casas, presencia de edificios, etcétera. Aprender implica enfrentarnos por primera vez a una situación, por lo cual el proceso de atención debe funcionar al máximo y hemos de enfocarnos a la tarea objeto de nuestro interés. Atender implica dirigir todos nuestros sentidos a las actividades que realizamos.

De esa forma, la atención hace referencia al uso de todos nuestros sentidos, por ejemplo: para entender realmente lo que el profesor explica en clase es importante que dirijas tu sentido de la audición hacia lo que él expresa, tratando de bloquear lo que dicen tus compañeros o los sonidos provenientes de fuera del aula. Asimismo, algo muy importante en el proceso de aprender a aprender es la autorregulación, la cual inicia desde el momento en que centras tu atención en aquello que es tu objeto de interés, al mismo tiempo que identificas y neutralizas los distractores presentes, ya sea externos (como la música, la televisión, el canto de los pájaros, las conversaciones de otros, etcétera) o internos (como tener hambre, pensar en lo que harás el día de mañana, o recordando acontecimientos pasados o a personas; todo ello competirá con la atención que puedas dedicar a la información que recibes (por ejemplo, al leer una lección o escuchar al profesor). Otro ejemplo alude al momento en que lees el presente texto: si pones atención, aunque haya algunos distractores externos (como la música o alguna persona que te pregunte algo), podrás estar concentrado en la lectura que realizas, comprendiendo lo que te transmitimos; sin embargo, tu atención será dispersa si también escuchas las noticias, ves la televisión o atiendes lo que otros te dicen; en este caso, la comprensión de la lectura no será adecuada y es posible que pierdas la secuencia o la información importante. Así, te invitamos a que reflexiones en la importancia de atender lo que te explicamos, ya sea textual o de manera verbal; esto te facilitará entender mejor el contenido que debes aprender.

Recuerda: poner atención implica dirigir tus sentidos hacia lo que aprendes o realizas. Esto asegura comprender el contenido del aprendizaje y, consecuentemente, lograrás mejores resultados en tu aprovechamiento escolar.

Percepción

Percibir implica captar e integrar la información recibida mediante los sentidos y procesarla para constituir un *algo* con significado para nosotros. Por ejemplo, cuando observas un objeto esférico de color rojo de aproximadamente 30 cm de diámetro, con material plástico y ligero y que bota, toda esta información llega a tu cerebro, se integra y entonces la identificas como una pelota. Tal proceso de captar, integrar y reaccionar ante los estímulos externos se denomina *percepción*.

La percepción es la base de los procesos cognitivos y afectivos, por ejemplo: dependiendo de cómo percibas el gesto de una persona que te encuentras en la calle, la considerarás amistosa o amenazante; de ello dependerá tu conducta hacia ella: puede ser que te le acerques para saludarla o que te retires para evitarla.

Aunque la percepción es uno de los procesos intelectuales básicos, también debe ser entrenada. A continuación te pedimos que mires con atención la figura 15 y en las líneas de abajo describe qué observaste.

Figura 15

Probablemente observas un pato o un conejo; según lo que hayas visto, vuelve a observar la figura y trata de captar lo que en un primer momento no percibiste.

Seguramente si encontraste la otra figura, te habrás percatado de que para ello tuviste que invertir el ángulo desde el cual percibías la imagen; el conejo está orientado hacia el lado derecho, mientras que el pato lo está hacia el izquierdo. La vida puede estar llena de oportunidades que no percibimos porque no nos esforzamos por observarlas desde otro ángulo. Los grandes inventores, científicos y artistas son aquellas personas capaces de percibir el mundo que los rodea de una forma distinta de como lo hace el común de las personas.

Observa ahora con detenimiento la figura 16: ¿qué observas? Escríbelo en las líneas de abajo.

Figura 16

Seguramente ahora fue más sencillo para ti percibir en esta figura las dos imágenes que se encuentran presentes: un rostro de perfil orientado hacia el lado izquierdo, que mira hacia abajo, y de manera perpendicular y de izquierda a derecha la palabra *liar* [mentiroso(a)]. Para percibirlo seguramente enfocaste la imagen desde distintas perspectivas. Como te darás cuenta, el cerebro humano aprende muy rápido.

Algo importante por considerar es que gran cantidad de problemas surgen por la forma de percibir las cosas o las situaciones; de hecho, una situación definida como problema cuando existe una discrepancia entre lo esperado y lo observado. ¿Habías imaginado que la solución de muchos problemas está simplemente en ajustar tu percepción, es decir, en desarrollar la capacidad para percibir las cosas desde una perspectivas diferentes? Otro ejemplo lo muestra la figura 17; ¿qué ves en ella?

Figura 17

Es probable que en un primer momento percibas un triángulo, pero en realidad son seis figuras que en sus contornos centrales representan el trazo de un triángulo. Esto demuestra que nuestro cerebro tiende a considerar primero lo que le es conocido, sin embargo, entrenar nuestra percepción implica tomar en cuenta que hay diferentes formas de ver las cosas según hacia dónde dirijas tu atención; por ello no conviene confiarnos sólo en nuestra primera impresión.

Una de las cosas que más frecuentemente puede confundir a la percepción es la atención dirigida a aspectos distintos dentro de una imagen, es decir, aquello presentado como figura y lo que aparece como su fondo. Es muy probable que si atendemos a la figura veamos una cosa, y que si atendemos al fondo veamos otra distinta.

Pon atención a la figura 18 y escribe en las líneas lo que observas.

Figura 18

_____

_____.

Si observas la figura como un todo, verás el rostro de un anciano, pero si miras con atención las partes que conforman dicho rostro, verás otras cosas que se encuentran en la misma imagen. Mira atentamente los ojos, las cejas, la nariz, los labios y la barba del anciano; trata de aislarlos enviando el resto de la figura hacia atrás como fondo, y observarás a una pareja de enamorados abrazados y que se besan, con una vestimenta a la usanza de la época medieval. Si llevas a cabo el mismo procedimiento pero ahora destacas el cabello del anciano, observarás hojas de parra, rostros y figuras humanas... ¿Los has visto?

Piensa en la cantidad de cosas que dejas de percibir en la realidad cuando sólo centras tu atención en lo más evidente o en lo ofrecido a primera vista. Ante cada situación que te encuentres, trata de abrir tu percepción para observar lo que está ahí; es muy probable que muchas situaciones sean oportunidades, que si no las percibes podrás perderlas.

Ahora entrenaremos con otro aspecto que ampliará esta capacidad de percibir; observa con atención la figura 19: ¿qué tamaño tendrá cada soldado que aparece en la toma? y ¿qué proporción hay entre el tamaño de cada uno de ellos en relación con los otros?

Figura 19

Parece que el de la izquierda tiene un tamaño equivalente a la mitad del tamaño de la figura de la derecha.

Observa nuevamente con cuidado la imagen; si te fijas, verás que el tamaño de las tres figuras es el mismo. ¿Qué hace que parezcan tan diferentes? El contexto; la manera como hacemos juicios en relación con el tamaño de los soldados está basada en la pared de atrás y el piso, es decir, el contexto en que son presentadas las figuras. Las líneas que están a espaldas de la figura de la izquierda fueron trazadas muy separadas entre sí, de modo que se estrechan y se acercan cuando son desplazadas hacia la derecha. Este trazo de líneas crea la ilusión de tamaño en los soldados.

¿Qué hemos aprendido acerca de la percepción? La manera de percibir un objeto, evento o situación depende del *contexto* en que es presentado. Antes de formular un juicio sobre cualquier cosa, pon atención en su contexto y analiza si lo que ves es real o si respondemos a una falsa imagen generada por el contexto. Veamos la figura 20 para reafirmar lo aprendido.

Figura 20

¿Cuál de los dos círculos grises del centro es más claro?

Aunque parece más claro el de la derecha, son del mismo tono. La ilusión es producida por el tono del círculo que lo rodea. De nuevo nunca olvides analizar el contexto de lo que percibes.

No hay una sola realidad, sino tantas como nuestra
flexibilidad perceptual nos permita captar.

Hagamos un último ejercicio para concluir este tema. Observa con cuidado la figura 21 y escribe qué percibes, cuida mucho enfocar diferentes perspectivas y trata de observar algo más de lo que esperas ver.

Figura 21

_____

_____

_____.

¿Es una mujer desnuda de espaldas? o ¿son diferentes objetos que al estar dispuestos de determinada forma en esta imagen nos genera esta ilusión?, ¿qué fue lo que percibiste? y ¿cuáles son estos objetos y dónde están ubicados?

_____

_____

_____ .

¿Te das cuenta cómo has abierto tu percepción con sólo realizar algunos ejercicios? Ahora a entrenaremos con otro aspecto que ampliará tu capacidad para percibir.

Observación

La observación es tanto el inicio del conocimiento como una habilidad cognoscitiva básica, y es entendida como un proceso que consiste en fijar la atención de un objeto o situación para identificar sus características. Podemos diferenciar dos tipos de observación:

- La *observación directa*, que implica registrar o reportar los datos que vemos, por ejemplo: observar a una persona que llora.
- La *observación indirecta*, que implica hacer inferencias de un hecho que podemos ver; por ejemplo, de la persona que llora podemos inferir que perdió algo muy valioso, o que se lastimó o que llora de alegría.

El conocimiento de los resultados de la observación requiere integrar las características observadas; por ello es conveniente establecer un orden de descripción, el cual será fácil si nos planteamos preguntas como: ¿qué es?, ¿qué tiene?, ¿qué hace?, etcétera.

La atención y la percepción son la base de la observación, ya que ésta implica un nivel de conciencia (o de darse cuenta del hecho o situación) y aquéllas conforman el proceso básico de todos los conocimientos que adquirimos.[10]

En los apartados anteriores estudiamos los procesos de atención y percepción, los cuales te servirán de apoyo para trabajar ahora tu observación.

Observa la imagen siguiente y responde a las preguntas: ¿qué hay en esta imagen? y ¿qué hacen las personas? Describe lo que acontece.

_____

_____

_____.

Figura 22

[10] Beltrán, V. (2000), *Desarrollo de habilidades de pensamiento*, México: Grupo Editorial Éxodo.

Recupera todo lo que has aprendido sobre atención y percepción, observa la figura 22 en su totalidad, descomponlaen sus partes y alterna la figura y el fondo. Seguramente, esto te permitirá responder de mejor manera a las preguntas y hacer una descripción más adecuada.

Si al observar pusiste atención y percibiste los detalles, te habrás percatado de que dicha imagen representa por lo menos dos escenas distintas; en un primer plano están dos ancianos de perfil que se miran de frente, mientras que en medio de ellos y separando sus rostros aparece una copa. En esta imagen hay una pareja sentada sobre el piso: el del lado derecho es un hombre que toca la guitarra, mientras que la persona del lado izquierdo es una mujer que lleva sobre su cabeza un cántaro; asimismo, observamos que a la derecha hay una mujer que sale de la puerta de un edificio, que al fondo está la silueta de otro edificio y que el contorno de la cabeza de los ancianos lo constituyen dos arcos.

Llevar a cabo un análisis de la imagen, es decir, fragmentar el todo en sus partes y reconstituir la imagen en una nueva síntesis nos permite observar por lo menos tres cuadros sobrepuestos. Esto puedes llevarlo a cabo en todas tus actividades tanto de tu vida académica como fuera de ella. Una observación cuidadosa de las situaciones puede ahorrarte discusiones y malos entendidos; con gran frecuencia, estas discusiones son generadas porque las personas observan aspectos distintos de una misma situación.

La mejor manera de enriquecer tu percepción y observación es preguntar a los demás qué ven de una misma situación e incorporar los estilos y patrones que las otras personas tienen desarrollados. Cuando eres capaz de percibir no sólo tu punto de vista sino también el de los demás, has desarrollado una flexibilidad intelectual muy amplia.

Para reforzar tu habilidad de observación, analiza la figura 23; recuerda descomponerla en sus partes, observar todos sus detalles e integrarla nuevamente. Escribe lo que observas.

Figura 23

_____

_____

_____

_____.

Si miras la parte superior de la figura, notarás que es un arco sostenido en dos columnas rectangulares, pero si observas la base, serán tres columnas circulares. ¿Es posible esto? No, esta imagen es lo que se denomina una figura imposible; sin embargo, si notaste esto, tu capacidad de observación ha crecido.

Este ejercicio muestra nuevamente la importancia de llevar a cabo un análisis cuidadoso de lo que aparece mediante una observación cuidadosa.

Hasta ahora has desarrollado y fortalecido tu capacidad de atención, percepción y observación, si te das cuenta, lo hiciste por medio de ejercicios muy sencillos, pero que ahora sabes que puedes llevar a la práctica en todas tus actividades y en todas las situaciones. Practica estas habilidades y seguramente captarás, integrarás, procesarás y recuperarás mayor información que la del resto de las personas que centran su atención en un solo elemento o que muestran un interés disperso. Al potenciar estas habilidades, ¡tienes la ventaja!

Discriminación

Para establecer un nexo entre atención, observación y percepción, es necesario identificar diferencias y semejanzas y determinar un nexo entre ambas; estos procesos son la base de la discriminación. No basta observar cuidadosamente pa-ra comprender lo que nos rodea, sino que es menester contemplar las cosas o situaciones desde diferentes ángulos o puntos de vista. La observación se volverá organizada si encontramos la variable o variables (es decir, las características) que permiten identificar semejanzas y diferencias.

A continuación te presentamos algunos ejercicios para establecer diferencias y semejanzas; al realizarlos, te darás cuenta de que pones en práctica tus habilidades de atención, observación y percepción que ya trabajaste en ejercicios anteriores, lo cual indica que estás desarrollando y fortaleciendo tus habilidades de pensamiento.

☞ Anota lo que es común en cada tipo de palabra y lo que es diferente entre ellas:

	Común	Diferente
Durazno	_____	_____ .
Plátano	_____	_____ .
Coche	_____	_____ .
Avión	_____	_____ .
Ira	_____	_____ .
Temor	_____	_____ .
Rectángulo	_____	_____ .
Triángulo	_____	_____ .

Si te fijas, las características por considerar para estas semejanzas y diferencias pueden ser físicas, estructurales, funcionales o temporales; lo importante es que identifiques cuál de estos rasgos define dicha clase para que, a partir de ello, ubiques los elementos que pertenecen al grupo y los que son externos.

Este principio de discriminación es una de las bases en que están fundamentadas las clasificaciones en general y particularmente en las ciencias, por ejemplo: todas las taxonomías, los reinos en la biología, los elementos en la química, los hechos en la historia y los personajes en la literatura, entre otros. Por ello, es importante que te esfuerces en identificar lo que resulta común a un conjunto de hechos, objetos o situaciones, lo cual te dará una ventaja cognoscitiva sobre quienes los perciben como hechos aislados.

☞ A continuación escribe cuáles son las características semejantes entre una víbora y un perro:

_____

_____.

Si te das cuenta, las características que comparten (esenciales) hacen que pertenezcan a un grupo determinado (en este caso, al reino animal).

Una parte complementaria de este proceso de discriminación reside en identificar aquello que hace diferentes a los elementos de las subclases, lo cual permite entender por qué objetos o eventos que son de una subclase general (porque comparten una característica definitoria) pertenecen a subgrupos o subclases distintas, dado que esta diferencia es esencial para ubicarlos dentro o fuera de un subgrupo.

Tales diferencias pueden ser en relación con la forma, la estructura, el funcionamiento y la utilidad, entre otros aspectos. De nuevo, lo importante es identificar la variable o categoría que define el establecimiento de los subgrupos.

Por ejemplo, los elementos químicos pueden dividirse entre los metales y no metales, y la diferencia entre ellos es que los metales reaccionan con el ácido, producen sales y liberan hidrógeno, mientras que los no metales no cumplen con esta condición. Igualmente, los metales producen una base al combinarse con agua, en tanto que los no metales combinados con agua producen un ácido.

☞ *Escribe ahora todas las características que consideres hacen distinta a una serpiente de un perro.*

_____

_____.

Seguramente entre las diferencias que encontraste está la presencia de una columna vertebral y huesos, lo cual determina las diferencias entre las subclases de vertebrados e invertebrados.

Ahora realiza los ejercicios siguientes que te permitirán poner en práctica esta noción de diferencia para formar clases distintas:

☞ Nombra las características que hacen diferentes a los objetos mencionados a continuación, considera cada variable dada:

Variable	Disco compacto (A)	Disquete 3/2 (B)
Material	_____	_____ .
Uso	_____	_____ .
Tamaño	_____	_____ .
Ventajas	_____	_____ .

☞ Anota las diferencias entre las palabras siguientes, considerando tres variables y las características de estos animales.

Variable	Característica de mosca	Característica de paloma
	_____	_____ .
	_____	_____ .
	_____	_____ .
	_____	_____ .

☞ Los conceptos siguientes son similares porque comparten una característica semejante; identifícala:

Objetos o conceptos	Semejanza
Amor, tristeza, odio	_____ .
Pelota, globo, melón	_____ .
Mesa, silla, sala	_____ .
Leticia, México, Ford	_____ .
Premio, regalo, título	_____ .

Hasta aquí seguramente habrás desarrollado aún más tu habilidad para establecer las semejanzas y las diferencias de lo que se te presenta; estás usando tus habilidades básicas, como atención, observación y percepción. Te habrás percatado de que existen múltiples variables que puedes considerar para determinar qué hacen semejante o distinto a un grupo de objetos o de hechos. El ejercicio siguiente te permitirá reforzar esta habilidad de discriminación.

☞ Si te preguntan de qué cosas hay siete unidades o componentes, deberás contestar rápidamente: siete días de la semana, siete pecados capitales, etcétera. De cada número que se te pide trata de encontrar grupos que compartan una variable o semejanza; no valen las redundancias, por ejemplo: pentágono para el número 5, pues sabemos que *penta* significa 5. Trata de completar el cuadro siguiente y encuentra por lo menos dos de cada número.

Hay 2 _____.
Hay 3 _____.
Hay 4 _____.
Hay 5 _____.
Hay 6 _____.
Hay 7 _____.
Hay 8 _____.
Hay 9 _____.
Hay 10 _____.
Hay 11 _____.
Hay 12 _____.

Agrupar objetos con base en sus semejanzas y diferencias es una operación fundamental del pensamiento; de esta manera, es posible identificar las características compartidas por un conjunto de objetos y situaciones. Estas características se denominan *características esenciales*, las cuales se encuentran

no sólo en los elementos verbales, sino también en los figurativos. Los ejercicios siguientes te permitirán reafirmar lo
que hasta aquí has desarrollado acerca de la discriminación,
incluidas las imágenes.

☞ Completa los diseños siguientes de acuerdo con estas instrucciones:

- Identifica la(s) característica(s) esencial(es) de cada conjunto
  del diseño de la izquierda.
- Describe las características.
- Selecciona la figura de la derecha que comparte las mismas
  características.

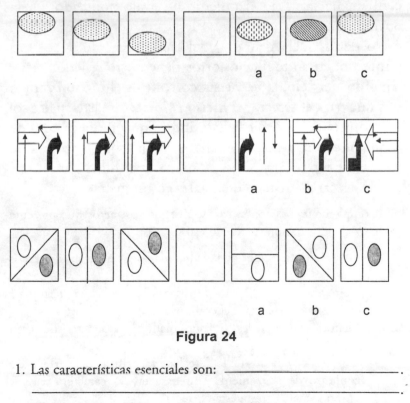

Figura 24

1. Las características esenciales son: _____.

_____.

El elemento que falta en el espacio en blanco es: _____.

_____.

2. Las características esenciales son: ——————————.

———————————————————————————.

El elemento que falta en el espacio en blanco es: ——————.

———————————————————————————.

3. Las características esenciales son: ——————————.

———————————————————————————.

El elemento que falta en el espacio en blanco es: ——————.

———————————————————————————.

Si observas, en el primer ejercicio las características que comparten los primeros tres elementos son: un cuadrado que contiene hacia su lado izquierdo un óvalo punteado. De las opciones, la letra *c* es la respuesta correcta, ya que es un óvalo dentro del cuadrado, del lado izquierdo y el único punteado, en tanto que los otros tienen otro relleno. Para el segundo ejercicio, la respuesta correcta es el inciso *b*, mientras que para el tercero, el inciso *c*, ¿determinaste cuáles son esas características? ¡Bien! Esto indica que ahora puedes determinar con más precisión cuáles son las semejanzas y diferencias de los objetos y tienes mayor habilidad para discriminar las características esenciales en un grupo.

☞ Complementa los conjuntos de diseños abstractos que presentamos a continuación siguiendo estos pasos:

- Observa cada cuadro de la izquierda e identifica sus características.
- Compara entre sí las características observadas y determina la característica esencial del conjunto
- Identifica las variables correspondientes a la característica esencial
- Observa los cuadros de la derecha e identifica cuál pertenece al conjunto de la izquierda con base en las características del grupo. Señala la respuesta correcta.

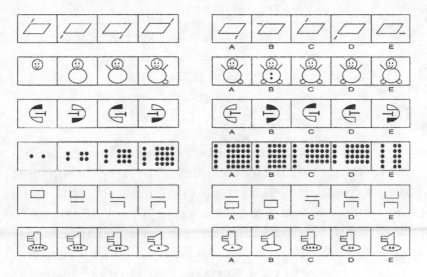

Figura 25

Como observas, en el primer ejercicio hay una serie de paralelogramos que en el primer recuadro tienen una pequeña línea vertical en la parte superior izquierda, en el segundo se encuentran en la parte inferior izquierda, en el tercero en la parte inferior derecha y en el cuarto en la parte superior derecha. Podemos ver que esta línea se alterna en las esquinas de manera contraria al sentido de las manecillas del reloj; por ello, esperamos que nuevamente esté en la esquina superior izquierda, mientras que la opción *c* es la respuesta correcta.

☞ ¿Cuáles son las características que observas en los demás ejercicios?

1. _____.
   _____.

2. _____.
   _____.

3. _____ .
   _____ .
4. _____ .
   _____ .
5. _____ .
   _____ .

Ahora puedes percatarte de que tu habilidad para discriminar las características esenciales de un conjunto de objetos te facilita considerar semejanzas y diferencias, así como dar la solución correcta a cada problema.

Si continúas poniendo en práctica esta habilidad, de seguro entenderás con más facilidad los acontecimientos que se te presentan y conocerás sus características; incluso te darás cuenta más fácilmente de cuáles son las características de los conceptos que aprendes en la escuela. Esto también traerá como consecuencia la posibilidad de que tengas un desempeño más favorable y te sentirás satisfecho y motivado por los logros que consigas.

Ahora analizaremos otra habilidad que complementa las anteriores.

Clasificación

La clasificación es un proceso en el cual es separado un conjunto de elementos en clases de acuerdo con un criterio definido previamente, es decir, según las características esenciales que comparten.

Las características de la clasificación son:

a. Cada clase tiene un nombre o una *denominación.*
b. Cada grupo es diferente de los demás; no hay elementos repetidos en las clases.
c. Todos los elementos deben quedar clasificados.

El ejemplo siguiente incluye una lista de palabras, lo cual te permitirá considerar sus características:

Alegría	Iglú	Museo
Casa	Trailer	Centro comercial
Avión	Iglesia	Pasión
Camello	Tristeza	Pirámide
Enojo	Automóvil	Globo aerostático
Departamento	Bicicleta	Ira
Cine	Miedo	Aeropuerto

En esta lista hay tres grupos: el primero lo constituyen los *sentimientos*, entre ellos la alegría, el enojo, la tristeza, el miedo, la pasión y la ira; el segundo grupo es el de los *medios de transporte*: avión, camello, trailer, automóvil, bicicleta y globo aerostático; y el tercer grupo es el de *construcciones*, que abarca casa, departamento, cine, iglú, iglesia, centro comercial, pirámide y aeropuerto.

A continuación te presentamos una serie de imágenes (figura 26), cada una enumerada.

Figura 26

Forma grupos con ellas, te indicaremos algunos criterios para la clasificación; puedes agruparlos por material, función, rasgos compartidos, etcétera. Organiza todos los elementos y establece por lo menos tres categorías.

Cuadro 8

Categoría 1	Categoría 2	Categoría 3

Algunas de las opciones para formar los grupos pueden ser por su naturaleza, por ejemplo: las cosas vivas y las inertes, los comestibles y los no comestibles, los de uso para arreglo personal, las herramientas o los vegetales, entre otros.

Si consideramos la categoría de los vivos y los inertes, tendremos dos grandes grupos; a la vez, entre los seres vivos podríamos considerar dos subgrupos: los animales y los vegetales; entre los vegetales podemos clasificar entre plantas y frutos, mientras que en la categoría de los animales podemos formar el grupo de los acuáticos y el de los terrestres.

Otra forma de agruparlos sería de acuerdo con el uso que les damos: los utensilios de cocina, las herramientas, los juguetes y la comida, entre otros. Asimismo, de acuerdo con el material, puedes formar grupos de metales, los que son de tela, los plásticos, etcétera

Existen diferentes formas de clasificación; generalmente en los países occidentales empleamos las categorías de orden taxonómico, es decir, establecemos la estructura como elemento clave para la clasificación, mientras que, por ejemplo, las tribus africanas utilizan criterios distintos como la manera de vincular las cosas para llegar a un fin (agrupar por medio-fin), así, ellos podrían agrupar un vegetal, un medio de transporte, un mercado, un utensilio de cocina y una persona, para representar el ciclo de la producción y consumo de alimentos.

Lo más importante al llevar a cabo una clasificación es tener presente siempre el *criterio* a partir del cual son formados los subgrupos. Al respecto te preguntarás ¿de qué me sirve clasificar o formar subgrupos? Abstraer aquello que es común a una serie de elementos aislados nos permite generar un orden en un mundo que aparentemente sería caótico y poder comportarnos de manera conocida ante elementos nuevos que compartan la(s) propiedad(es) definitoria(s). Esto es intelectualmente económico y crea grandes ventajas al aprovechar los conocimientos y experiencias que poseemos cada vez que enfrentamos una situación novedosa.

Por ejemplo, piensa aprender la tabla de elementos en la química sería complejo si no existieran criterios de agrupación para ellos (como los metales y los no metales). En las matemáticas, los números enteros y los fraccionarios, cada uno de ellos se comporta de modo distinto cuando realizamos operaciones aritméticas, por ejemplo: cuando multiplicas números enteros, el resultado es un número mayor, mientras que en la multiplicación de fracciones el resultado es menor que los multiplicandos.

Imagina un mundo sin clasificaciones, en el cual cada evento tuviera que ser vivido como único y en el cual no pudieras recuperar la experiencia que ya posees... ¡Esto sí sería un mundo complejo!

Jerarquización

Otro proceso que acompaña a la clasificación es la jerarquización, en cuyo caso, una vez que tenemos conformados los grupos, es posible establecer un orden o jerarquía entre ellos en términos de la cantidad, calidad o importancia que posea cada elemento del grupo y que nos permite ubicarlos dentro de un continuo desde el extremo de menos, hasta el extremo de más.

El ejemplo siguiente ilustra este proceso intelectual. Entre los medios de transporte enunciados podemos establecer una jerarquía a partir de la variable *velocidad*; así, ubicaremos en el polo de menor velocidad al camello y en el de mayor velocidad al avión, y entre estos extremos hallaremos el resto de los medios de transporte.

Ahora hagamos otra jerarquía. De los siguientes grupos musicales, ordena aquellos de los más antiguos a los más recientes, asigna el número 1 al más antiguo hasta el 9 para el más contemporáneo:

Guns and Roses ( )   *Cranberrys* ( )
The Beatles ( )   *Devines* ( )
Korn ( )   *Swanwan* ( )
Queen ( )   *Bill Haley and His Comets* ( )
Placebo ( )

Ahora, de las materias que cursas establece una jerarquía en función de tu gusto o preferencia por ellas y otra por la *dificultad* que representa para ti.

Cuadro 9

Gusto o preferencia	Dificultad
1.	1.
2.	2.
3.	3.
4.	4.
5.	5.
6.	6.
7.	7.
8.	8.
9.	9.
10.	10.

Como observas establecer jerarquías permite entender una de las relaciones lógicas que guardan los elementos de una clase. Cabe recordar que el cerebro aprende mejor por totalidades y no por elementos aislados, por ello, es importante que ante una tarea nueva trates primero de organizar los elementos en categorías o grupos, identifiques lo que los define y, de ser posible, los ordenes en una jerarquía. Esto te permitirá comprender y aprender con mayor facilidad los contenidos académicos.

Siempre que tengas material nuevo trata de establecer las relaciones lógicas entre los elementos mediante la clasificación y, en caso de ser posible, haz jerarquías. Ello aumentará tu comprensión, disminuirá el tiempo necesario para dominar el nuevo contenido y hará que éste lo retengas mejor en la memoria. El cerebro humano sólo conserva aquello que tiene sentido, el cual es generado a partir de entender la lógica del fenómeno.

Conceptualización

La clasificación nos lleva a definir categorías y determinar si un elemento pertenece o no a determinado grupo; ya sabes que para lograrlo es necesario identificar las características esenciales de la categoría mediante la observación.

La definición de conceptos es tanto una de las aplicaciones de uso más generalizado de la identificación de categorías, como una operación mental por medio de la cual establecemos las características que permiten saber lo que las cosas son esencialmente. De esta manera, dicho saber permite distinguir un concepto de cualquier otro; entonces *definir es delimitar un concepto*.

Una definición esencial se forma así:

clase próxima a la que pertenece + característica esencial.

Por ejemplo, para definir un calcetín, debemos considerar la clase a la que pertenece (prenda de vestir), así como su característica principal: se coloca en los pies y no rebasa la rodilla.

Es posible definir un concepto a partir de la clasificación, el proceso consiste en identificar las características esenciales del conjunto de la clase que lo define y la(s) palabra(s) que lo definan.

Realiza los ejercicios siguientes que te permitirán comenzar con esta actividad.[11]

☞ Clasifica la lista siguiente de acuerdo con la clase a que pertenece.

Inglaterra, Plutón, Yucatán, Jalisco, Tierra, España, Marte, Francia, Michoacán, Venus, Italia, Oaxaca, Saturno, Alemania y Tlaxcala.

_____

_____

_____ .

Seguramente habrás formado tres grupos: países, planetas y estados de la República Mexicana; a partir de esta clasificación podrás definir alguno de los conceptos agrupados, por ejemplo: si quieres definir Yucatán, podrás mencionar que es un estado de la República Mexicana (clase a la que pertenece) y que se encuentra en el sureste, en la península del mismo nombre, entre el Golfo de México y el Caribe (características esenciales).

Seguiremos con otros ejercicios:

☞ Escribe en la línea la palabra que no pertenece al mismo grupo. Determina la clase a la que pertenecen las restantes y justifica por qué dicha palabra no pertenece a la clase:

Canario, golondrina, colibrí, leopardo, perico _____ .

Clase _____ justificación _____ .

Automóvil, tren, casa, avión, carruaje, tranvía _____ .

Clase _____ justificación _____ .

_____

[11] Ejercicios e información obtenida de Beltrán, V. (2000), *Desarrollo de habilidades de pensamiento*, México: Grupo Editorial Éxodo.

Niño, ingeniero, doctor, maestro ⸻.

Clase ⸻ justificación ⸻.

Bob Dylan, Eddie Vedder, John Travolta, John Lennon, Kurt Cobain ⸻.

Clase ⸻ justificación ⸻.

En el primer grupo, el elemento que no pertenece es el leopardo, como el resto de los elementos está incluido en la clase de las aves, el leopardo no es un ave, sino un mamífero, por lo cual no forma parte de la clase de los restantes. ¿Lograste establecer la clase de los grupos restantes, determinar el elemento que no pertenece a ellas y justificar por qué? ¡Muy bien! Podrás darte cuenta de lo fácil que es establecer conceptos a partir de la clase a que pertenecen y determinar sus características esenciales.

Es muy importante que lleves a la práctica este proceder con los contenidos que aprendes. Considera a qué clase pertenece el concepto que debes aprender y determina cuáles son sus características esenciales. Te aseguramos que te será más fácil comprenderlos. Sigamos con más ejercicios para que te conviertas en un estratega.

A continuación te presentamos varios conjuntos, de los cuales tres definen un concepto y el cuarto no pertenece a la clase de dicho concepto.

☞ Identifica el nombre del concepto y el elemento extraño que no es la clase o categoría del concepto. En cada caso justifica la respuesta:

Periódico, revista, televisión, noticia

Denominación del grupo o clase ⸻.

Elemento que no pertenece a la categoría que define el concepto

⸻.

Justificación ⸻.

Águila, tzetzal, jilguero, gallina

Denominación del grupo o clase _____.

Elemento que no pertenece a la categoría que define el concepto

_____.

Justificación _____.

Jícama, zanahoria, papa, chícharo

Denominación del grupo o clase _____.

Elemento que no pertenece a la categoría que define el concepto

_____.

Justificación _____.

Chiapas, Yucatán, Veracruz, Distrito Federal

Denominación del grupo o clase _____.

Elemento que no pertenece a la categoría que define el concepto

_____.

Justificación _____.

The Beatles, Bee Gees, Rolling Stones, Metallica

Denominación del grupo o clase _____.

Elemento que no pertenece a la categoría que define el concepto

_____.

Justificación _____.

Para el primer grupo, habrás considerado que la denominación del grupo es *medios de comunicación* y el elemento que no pertenece es *noticia*, pues ésta es transmitida en los medios que abarca el grupo, pero no un medio de comunicación. ¿Cómo lo resolviste en los grupos siguientes?... ¡De seguro que muy bien!

☞ Ahora intenta determinar cuál es el concepto que te pedimos de acuerdo con las características mencionadas:

☞ Paso subterráneo artificial que se logra por medio de una excavación —————————————————————————.

☞ Líquido que se evapora, se enciende y produce energía para impulsar sistemas mecánicos —————————————————.

☞ Especie animal distinta de los demás géneros y especies por sus peculiaridades físicas anatómicas y psíquicas ——————————.

☞ Sexto mes del año según el calendario gregoriano —————.

☞ Enfermedad caracterizada por la caída o falta de pelo, que puede ser congénita o adquirida ——————————————.

☞ Proceso que consiste en fijar la atención para identificar las características ————————————————————————.

Para la primera explicación de las características esenciales de seguro escribiste *túnel*, pues las características esenciales de éste incluyen que es un paso subterráneo artificial construido por medio de una excavación.

Te habrás dado cuenta de lo fácil que implica establecer conceptos. Te invitamos que sigas practicando con todos los contenidos que revisas en la escuela. Recuerda considerar la clase a la que pertenecen los conceptos así como sus características esenciales, las cuales serán sus aspectos definitorios. ¡Practica y diviértete!

Si te esmeras en practicar estas habilidades en el dominio de los contenidos académicos, pronto verás que aprender es mucho más fácil de lo que habías pensado y que puede ser una tarea motivante y muy estimuladora.

Recuerda que aprendemos a aprender y que la capacidad intelectual aumenta tanto como quieras: así tenemos el mejor hardware del planeta, nuestro sistema nervioso, y el software, o conjunto de procesos intelectuales que nuestro cerebro lleva a cabo para adquirir, procesar y recuperar información, lo cual puede ajustarse para mejora conforme aprendas a aprender, te esfuerces por aprender nuevos procedimientos para ello y desarrolles maneras estratégicas para emplearlo. A diferencia del software de las computadoras, los procesos intelectuales aprenden y se autoexpanden, por lo que nunca llegan a ser obsoletos.

En el tomo II de esta serie encontrarás programas de instrucción que te permitirán mejorar tus habilidades intelectuales superiores, como la comprensión lectora y la solución de problemas. Además, encontrarás una serie de procedimientos para adquirir, procesar y recuperar de la información que te facilitarán el aprendizaje. En el tomo III, encontrarás un programa orientado a los procesos de autorregulación y administración de los recursos para el aprendizaje, lo cual te convertirá en un estratega intelectual y aumentará tu disposición hacia el aprendizaje y las tareas escolares.

Bibliografía

Aduna, M. y Márquez, S. (1987), *Curso de hábitos de estudio y autocontrol*, México: Trillas.

Alonso, C.M. (1990), "Estilos de aprendizaje, tutorías y enseñanzas", Cuarto Encuentro Iberoamericano de Educación Superior a Distancia, Caracas: Universidad Nacional Abierta, Asociación Iberoamericana de Educación Superior a Distancia.

—— (1991), "Estilos de aprendizaje y formación en el trabajo", VII Jornadas Nacionales de Orientación Escolar y Profesional, Madrid: UNED.

—— (1992), *Estilos de aprendizaje: análisis y diagnóstico en estudiantes universitarios, Madrid*: Editorial de la Universidad Complutense.

—— (1992b), "Educación intercultural y estilos de aprendizaje", X Congreso Nacional de Pedagogía, Salamanca: Sociedad Española de Pedagogía y Diputación Provincial de Salamanca.

Beltrán, V. (2000), *Desarrollo de habilidades de pensamiento*, México: Grupo Editorial Éxodo.

Bucay, J. (2000), *Cuentos para pensar*, 1a, ed., México: Océano.

Buzan, V. (1976), *Use both Sides of Your Brain*, Nueva York: Dutton.

Craig, G. y Woolfolk, A. (1998), *Psicología y desarrollo educativo*, México: Prentice Hall.

Cuadernillo, "*Guía de estudio efectivo*", mimeografiado, Facultad de Arquitectura, UNAM.

De Bono, E. (1985): *Tácticas, arte y ciencia del éxito*. Barcelona: Plaza y Janés.

—— (1986), *El pensamiento lateral*, Barcelona: Paidós.

—— (1988), *Seis sombreros para pensar*, Barcelona: Gránica.

—— (1992), *Yo tengo razón, tú estás equivocado*, Barcelona: Ediciones B.

Delacour, J. (1984), *Neurobiologie des comportements*, París: Herman.

Despins, J.P. (1985), "Connaitre les style d'apprendissage pour mieux respecter les facons d'apprendre des enfant, *Vie Pédagogique*, 39, 10-16.

http// galeon.hispavista.com/aprenderaaprender/intemocional/inventor.htm enero, 2003.

Keefe, J. W. (1988), *Profiling and Utilizing Style*, Reston, Virginia: NASSP.

Lazorthes, G. (1982), *Le cerveau et l'sprit*, París: Flammarion.

Michel, G. (2002), *Aprende a aprender, guía de autoeducación*. 13a. ed., México: Trillas.

Springer, S.P. y Deutsch, G. (1981), *Left-brain, right-brain*. Nueva York: Freeman.

Torrance, E.P. y cols. (1977), *Your Style of Learning Thinking. Form A and B: Preliminary Norms, Abbreviated Technical Notes*, Scoring Keys, and Selected References", Gifted Chil Quarterly, 21, 4, 563-573.

Zehhausern, T. R. (1982), "Education and the Left Hemisphere", en *Student Learning Style and Brain Behavior: Programs, Instrumentation*, Research, Reston, Virginia: NASSP.

Esta obra se terminó de imprimir
en agosto de 2011, en los Talleres de

IREMA, S.A. de C.V.
Oculistas No. 43, Col. Sifón
09400, Iztapalapa, D.F.